QUEBRE O TETO DE VIDRO

Karinna Forlenza

QUEBRE O TETO DE VIDRO

Estratégias revolucionárias para
atingir o próximo nível da carreira
(até chegar ao topo)

Rocco

Copyright © 2024 by Karinna Forlenza

Direitos desta edição reservados à
EDITORA ROCCO LTDA.
Rua Evaristo da Veiga, 65 – 11º andar
Passeio Corporate – Torre 1
20031-040 – Rio de Janeiro – RJ
Tel.: (21) 3525-2000 – Fax: (21) 3525-2001
rocco@rocco.com.br
www.rocco.com.br

Printed in Brazil/Impresso no Brasil

Preparação de originais
BIA SEILHE

CIP-BRASIL. CATALOGAÇÃO NA PUBLICAÇÃO
SINDICATO NACIONAL DOS EDITORES DE LIVROS, RJ

F818q

Forlenza, Karinna
    Quebre o teto de vidro : estratégias revolucionárias para atingir o próximo nível da carreira (até chegar ao topo) / Karinna Forlenza. - 1. ed. - Rio de Janeiro : Rocco, 2024.

    ISBN 978-65-5532-426-6
    ISBN 978-65-5595-252-0 (recurso eletrônico)

    1. Feminismo. 2. Empreendedorismo. 3. Sucesso nos negócios. I. Título.

24-88612   CDD: 658.421
                             CDU: 658:141.72

Gabriela Faray Ferreira Lopes - Bibliotecária - CRB-7/6643

O texto deste livro obedece às normas do Acordo
Ortográfico da Língua Portuguesa

Precisamos de mulheres em todos os níveis, inclusive no topo, para mudar a dinâmica, reformular a conversa, para ter certeza de que as nossas vozes serão ouvidas e atendidas, não ignoradas.
— Sheryl Sandberg
Empresária e ex-COO do Facebook

Eu prometi a mim mesma que nunca mais sairia calada de uma reunião. Se eu fui chamada para essa reunião é porque minha opinião importa.
— Glaucimar Peticov
Diretora executiva do Bradesco

Existe algo muito especial nas mulheres que dominam o mundo masculino. Isso exige certa graça, força, inteligência, coragem e a fibra moral de nunca aceitar "não" como resposta.
— Rihanna
Cantora, compositora, atriz e empresária

Se cerque de pessoas que possam te apoiar naquilo em que você ainda não é boa. Crie uma rede de apoio e não tenha vergonha em assumir que não sabe tudo ponto.
— Renata Daltro
VP comercial grandes contas Cielo

Quando você se apropria de si, você se liberta do peso insustentável e paralisante de esperar que os outros te aceitem. Você não precisa mais disso.
— Gabriela Prioli
Jornalista e apresentadora do GNT

Sair de um lugar que gostamos, que é confortável e quentinho, faz parte da nossa jornada profissional. Às vezes para crescer é preciso abandonar até mesmo lugares incríveis e abraçar o inesperado,

onde não temos ideia do que vamos encontrar.
Crescer é se mover rumo ao desconhecido.
— Luciano Santos
Autor de *Seja egoísta com sua carreira*

Às vezes você não precisa ver o topo da montanha, só precisa iniciar a caminhada rumo ao topo, ou seja, em direção à vida que deseja.
— Alexandra Loras
Consultora de diversidade

Por acabar focando em todas as demandas que temos que equilibrar diariamente, a gente acaba deixando de lado o nosso desenvolvimento que deveria ser o mais importante. Para todas nós esse tem que ser um ponto de atenção.
— Paula Pascoal
Diretora global Google Play.

Mulheres perdem oportunidades quando esperam ser notadas por suas habilidades e capacidades no lugar de expor isso. Fale sobre suas conquistas, peça seu espaço.
— Kim Farrell
Diretora geral de operações e marketing TikTok LATAM

Nada vai funcionar a menos que você faça funcionar.
— Maya Angelou
Escritora, poeta e ativista

Precisamos transformar nossa percepção sobre nós mesmas. Temos que nos empoderar como mulheres e tomar as rédeas.
— Beyoncé
Cantora, compositora, atriz, bailarina, empresária, produtora, diretora e roteirista

SUMÁRIO

Prefácio 9

Introdução 11

Capítulo 1 – Os tetos de vidro que nos impedem de crescer 19

Capítulo 2 – Duas síndromes femininas: a tarefeira e a impostora 38

Capítulo 3 – A origem dos tetos de vidro 62

Capítulo 4 – Como quebrar o teto de vidro: o Método EMPODERA 71

Capítulo 5 – Estabeleça sua base de apoio 83

Capítulo 6 – Mapeie o que é relevante (e encontre sua estrela do norte) ... 103

Capítulo 7 – Priorize o que é estratégico 109

Capítulo 8 – Organize seu time de confiança 114

Capítulo 9 – Delegue com critério 123

Capítulo 10 – Espalhe seus resultados: uma estratégia
de comunicação orgânica 129

Capítulo 11 – Reúna-se com inteligência 137

Capítulo 12 – Apresente-se com assertividade 149

Capítulo 13 – O novo jeito de trabalhar já é feminino 157

Capítulo 14 – A revolução acontecerá de dentro para fora 173

Agradecimentos 177

Referências bibliográficas 179

PRÉFACIO

Enquanto estava no que pensava ser o auge de sua carreira, com reconhecimento, promoções e muitas responsabilidades, Karinna Forlenza foi pega de surpresa pela palavrinha que nenhum profissional espera ouvir: *demissão*.

Depois de muito refletir e estudar, ela decidiu usar essa experiência para ajudar outras mulheres a lidar com os desafios do ambiente corporativo, em especial conforme alcançam cargos de liderança. As estruturas extremamente masculinas em que todos vivemos acabam por criar armadilhas que as mulheres não são treinadas para compreender e enfrentar. Mas é possível mudar de perspectiva e pensar diferente, e com isso alçar voos cada vez mais altos.

Quebrar o teto de vidro significa construir estratégias inteligentes para o sucesso empresarial. Em toda a minha jornada profissional, sempre encorajei as mulheres a se capacitarem, desafiando as normas e as expectativas tradicionais. Obviamente, é de suma importância que existam mudanças nas organizações para eliminar o teto de vidro de forma eficaz. Precisamos de políticas empresariais inclusivas, que promovam a igualdade de oportunidades, com práticas de promoção que busquem eliminar preconceitos de gênero e garantam que mulheres tenham as mesmas oportunidades de avanço na carreira.

No entanto, para além das iniciativas empresariais, está nas mãos das mulheres mudar sua condição, sem depender ou aguardar que a situação nos seja mais favorável. E é por isso que *Quebre o teto de vidro* é um livro de imensa importância. Karinna Forlenza ensina como agir tanto nas situações mais favoráveis como nas desfavoráveis, enxergando as barreiras invisíveis que limitam nosso avanço.

Podemos sempre alcançar novos patamares, subindo na carreira. E, apesar de não ser obrigatório — nada é —, não se iluda quando dizem que estar no topo é "um grande sacrifício". Ter mais poder e mais dinheiro é sempre mais fácil do que não ter. Inspirar outras a seguir o mesmo caminho é também uma missão de todas que desejam e alcançam esse objetivo. Quanto mais diversidade de pensamento e experiências trazidas por líderes femininas que chegaram lá, mais seremos fortalecidas. Quando uma de nós quebra o teto de vidro, o caminho se abre para todas.

— **Denise Damiani**
Consultora de negócios e conselheira de administração, Ex-sócia da Accenture, da Bain & Company e vice-presidente estatutária do Grupo Itausa, autora dos livros Ganhar+, gastar-, investir melhor: O livro do dinheiro para mulheres *e* Como não falir seu casamento

INTRODUÇÃO

Você só está lendo este livro agora porque, no passado, tive que encarar um dos maiores desafios da minha vida. Na época, eu era executiva em uma grande empresa de telefonia e estava crescendo na carreira. As coisas iam muito bem. Fui apontada como grande talento na companhia, ganhei espaço e responsabilidade em projetos gigantescos, com influência nacional, e me recomendaram para participar de melhores treinamentos. Cheguei ao ponto de ser indicada como substituta do meu chefe, que estava abaixo apenas do CEO. E então...

Eu fui demitida.

É isso mesmo, você leu certo. Fui demitida, não promovida. Pois é.

Fiquei arrasada, claro. Foi um choque total, como pode imaginar. Depois do susto, decidi tocar minha vida, mas passei 11 anos pensando no que tinha acontecido, mesmo depois de mudar de área.

Fui atrás de cursos e de coaching para ter um propósito de vida, algo que senti que faltava para mim. Comecei a estudar gêneros e seus papéis nas carreiras, a fim de entender suas diferenças. Isso me levou a ser *speaker* de um TEDx, no qual falei sobre as energias masculinas e femininas. Com o tempo e os aprofundamentos, percebi que as características da masculinidade se refletiam muito mais do que eu pensava no mercado de trabalho e na maneira como as empresas são construídas.

Quando dei por mim, estava ensinando mulheres a lidarem com as estruturas masculinas do mundo corporativo. E aqui faço uma ressalva importante: quando me refiro a mulheres, incluo as cis e as trans. No entanto, apesar do interesse do meu trabalho ser justamente o desempenho do papel de gênero feminino no mercado corporativo, especificidades de indivíduos não binários acabaram ficando de fora do escopo deste trabalho que iniciei no início dos anos 2000. Espero que em breve consiga reunir material consistente o suficiente para uma obra que abranja esse grupo em particular.

Realizei uma pesquisa extensa, focada em líderes que estão no topo da carreira. Entrevistei pessoalmente 253 mulheres de seis países, com foco especial no Brasil, perguntando sobre os desafios que elas enfrentaram. Foi uma experiência rica, que me trouxe muito conhecimento, profundidade nos meus métodos e até novas amizades.

A conclusão é óbvia, eu sei: chegar ao ápice do mercado corporativo tem sido uma tarefa árdua para as mulheres e vai muito além apenas das diferenças salariais e vantagens que abrem portas para homens. Betty Friedan, jornalista e escritora norte-americana, chama o que vivemos de "o problema sem nome" das mulheres: uma ansiedade, uma angústia misturada com profunda falta de propósito ou, mais do que isso, uma sensação de estar perdida entre sonhos, deveres e as expectativas do mundo.

Em 1978, a consultora de RH e escritora norte-americana Marilyn Loden estava participando de uma convenção sobre aspirações femininas quando notou que havia algo de estranho no discurso de muitas participantes quando o assunto era a presença das mulheres no mercado de trabalho: as palestrantes "focavam as deficiências da socialização feminina, as formas autodepreciativas como as mulheres se referiam a si mesmas, e a autoimagem pobre que muitas, em tese, carregavam sobre elas". Em uma entrevista de 2017, Marilyn Loden enxergou um problema grave nessa linha de pensamento, que é colocar o indivíduo, a mulher, e não a estrutura corporativa, como responsável pela falta de avanços na empresa.

Ela tinha experiência no assunto. Por mais que fosse uma gerente de RH decana na área de telecomunicações, Loden ouvia de seu chefe que ela deveria "sorrir mais" ou mudar algo em sua aparência. "Em diversas ocasiões, me diziam que o avanço das mulheres em gestões intermediárias estava 'degradando a importância' dessas posições", contou a profissional. Quando um colega foi promovido, apesar de ter sido ela a responsável pelos melhores resultados para a empresa, teve que ouvir que ele era "o homem da família", ou seja, o provedor da casa, e merecia mais o dinheiro.

Em 24 de maio de 1978, Loden cunhou a expressão "teto de vidro invisível" durante seu painel para se referir especialmente às mulheres que não chegavam ao topo da carreira por razões culturais, e não pessoais. Depois dela, a expressão passou a ser usada por inúmeras ativistas de pautas minoritárias. Em 1991, o Congresso dos Estados Unidos instituiu a Glass Ceiling Commission (Comissão do Teto de Vidro), dedicada a investigar as barreiras que impedem o crescimento das mulheres no mercado de trabalho.

O fato é que o ambiente corporativo, tal como foi criado, não previa a inclusão de mulheres, muito menos nos mais altos cargos de liderança. Portanto, toda vez que uma de nós quebra a barreira que existe e sobe na hierarquia vertical das empresas — o teto de vidro, que deixa até ver o que há do outro lado, mas que na prática impede a livre passagem — é como se todas nós estivéssemos provocando uma revolução. No entanto, essa quebra gera muitos cacos de vidro pontiagudos, que podem nos machucar de verdade. Nem sempre sabemos como nos proteger quando eles vêm na nossa direção — ou não estamos equipadas para cuidar dos ferimentos e de suas consequências, que trazem dores e sensações como:

- Ficar em dúvida sobre sua real competência.
- Sentir-se uma fraude ou uma impostora, que está ali por "acidente" e não por capacidade.
- Perceber que o que você faz não recebe reconhecimento suficiente, apesar de se dedicar mais que os outros.
- Notar que está sendo passada para trás por colegas menos competentes que você.
- Achar que não está pronta para um cargo, projeto ou alçada maior na carreira.
- Ser vista como "boazinha", "passiva" ou "cordial" demais.
- Ser vista como "mandona", "ambiciosa" ou "agressiva" demais.
- Ser tida como "louca", "nervosa" ou "que está naqueles dias" pela equipe.
- Achar que todo mundo pensa essas coisas sobre você, e pensá-las você mesma.

Alguma dessas situações soa-lhe familiar? Mais de uma? Talvez tudo isso esteja dentro de você, mesmo que nunca tenha compartilhado com ninguém, seja no ambiente profissional, seja no familiar, por motivos que vamos discutir ao longo deste livro. Mas a verdade é que isso não acontece apenas com você. MUITAS mulheres se sentem assim. Milhares, milhões, e, quem sabe, bilhões de nós nos sentimos da mesma maneira, por mais que o mundo queira nos convencer de que estamos sozinhas.

Nas minhas palestras, quando falo sobre isso, invariavelmente recebo comentários como: "Você está contando a história da minha vida" ou "Parece que você leu meus pensamentos". O fato é que a sociedade impôs muitas normas e regras para nós mulheres. Não é à toa que "padecemos" de perfeccionismo e medo de errar. Isso também é "nosso" — eu sou assim, sua vizinha de escritório, de mesa, de baia, de porta ou de sala também é.

Pensamentos e sentimentos como esses foram introjetados em nós por vários motivos e estamos reagindo todas ao mesmo paradigma. Espera-se que sejamos belas, recatadas e do lar, além de mães, filhas, esposas, companheiras, amigas, amantes e profissionais perfeitas, lindas e sem defeitos no corpo e na alma. Tudo ao mesmo tempo.

Sim, isso é absurdo, é inatingível. Mas ficamos frustradas e nos sentimos culpadas por não alcançar esse "ideal". Para piorar, somos convencidas de que somos só nós que não conseguimos — "é só você que não foi capaz" —, porque, por todos os lados, há demonstrações de sucesso e de perfeição em todos os sentidos.

O que se festeja e se divulga são mulheres maravilhosas, bem-sucedidas em suas vidas pessoal, familiar e profissional, felizes com lindos filhos bem-educados, com companheiro(a)s perfeito(a)s, com casa confortável, limpa, arrumada e impecável, partindo para as férias dos sonhos. Começamos a nos comparar silenciosamente com esse modelo impossível e a fazer de tudo para alcançar cada detalhe dele.

Quando nos encontramos a sós com a chefe ou com nossas colegas, muitas vezes não temos chance de conversar sobre o que sentimos e o que vivemos no íntimo. Fomos convencidas, como mulheres, de que precisamos competir umas com as outras em todos os aspectos da vida, do emocional ao profissional, do amoroso ao estético. A ideia de competição no ambiente profissional nos leva a sufocar sentimentos, emoções e qualquer demonstração de fragilidade, pois corremos o risco de ser vistas como inadequadas para o trabalho ou para a função. Não temos chance de validação e acolhimento para o que passamos no dia a dia, nas várias expressões do nosso cotidiano feminino. Não queremos ser a "maluca" que dá um basta ao peso que recai sobre nós, pois o preço a se pagar por isso pode ser alto demais, já que existe muita coisa em jogo.

No entanto, não há nada de errado em sentir e viver tudo isso nem em estar assim. Não há nada de errado nem com você, nem comigo, nem com qualquer mulher que você conheça. A verdade é que todas estamos nos sentindo da mesma maneira. Outra verdade é que não precisamos ser como homens, nem precisamos agir como homens não precisamos nos transformar em homens ou perder nossa essência feminina, para vencer em um ambiente eminentemente masculino e masculinizado. Sim, é possível atingir isso, e é o que vou contar aqui a você.

Hoje entendo que o que aconteceu comigo não foi um evento isolado, e que pontos fracos fazem parte da vida de milhões de mulheres no mundo todo. Meu foco, desde então, passou a ser ajudar outras mulheres não apenas a evitar os erros que cometi, mas também a aumentar os acertos dentro da vivência corporativa, a ocupar os devidos lugares na liderança sendo as mulheres que são. Eu quero quebrar o círculo vicioso de muitas entregas incríveis gerando pouco reconhecimento.

Então, descobri a missão da minha vida: ajudar mulheres a chegar ao topo da carreira e transformar o mundo, sem deixar de ser quem são, por meio da aplicação da metodologia que aperfeiçoei durante anos. Quero amplificar as vozes e os saberes das líderes com quem conversei e que me ensinaram tanto. Assim, passei a compartilhar o conhecimento que adquiri e que vai ajudá-la, independentemente da fase em que sua carreira esteja. Fiz e faço isso por meio de treinamentos, palestras, cursos, entrevistas, participação em eventos, mídias sociais e mentorias para indivíduos e grupos em empresas, incluindo as de grande porte.

Este livro também faz parte da estratégia para que haja pelo menos 30% de mulheres em cargos de liderança em todo o mundo — e que isso aconteça rápido. O objetivo é 50%, mas vamos por etapas. Desejo isso e vou começar essa jornada ajudando você a naturalizar e a situar todos esses sentimentos, que parecem só seus, particulares e individuais, mas que são gerais. Vou mostrar que há um lugar certo para eles e que também há como usá-los. Saber o que fazer com o que você sente, entender de onde vem e direcionar tudo isso é uma tática poderosa para se proteger e conseguir chegar aonde você pretende.

Além de muita informação, conhecimento e dados, incluí aqui exercícios e práticas para serem implementadas, que vão gerar novas condutas na sua rotina profissional, que, por sua vez, vão levar a resultados imediatos. Também incluí muitos depoimentos de mulheres maravilhosas, potentes e corajosas, que já tiveram as mesmas dúvidas que você e transpuseram as barreiras e os tetos de vidro sem se machucar.

Existe uma forma de crescer no mundo corporativo sendo mulher, sendo você mesma, sendo empoderada sem precisar ser "empauderada". Precisamos aprender a alavancar quem já somos, não ter medo de vender bem nosso trabalho e enxergar nossa carreira como um jogo. Cada movimento é uma escolha que impacta outras pessoas e a forma como somos vistas.

Temos superpoderes e eles têm nomes: cooperação, colaboração, empatia, sensibilidade, comunicação, intuição, experiência. Não estamos sozinhas. Você não está sozinha. Suas angústias são coletivas e, justamente por isso, podemos nos unir para dissolvê-las. Bem ao jeito feminino. Tenho certeza de que, com o tempo, voltaremos a ser respeitadas e reconhecidas também pelo que sempre fomos: fortes, unidas, cúmplices e simplesmente indestrutíveis quando unidas.

CAPÍTULO 1

OS TETOS DE VIDRO QUE NOS IMPEDEM DE CRESCER

O atual modelo do mundo corporativo coloca barreiras invisíveis que impedem as mulheres de realizar sua escalada profissional dentro das empresas — os tetos de vidro —, como disse Marilyn Loden. Eles são, ao mesmo tempo, sutis e contundentes; não são declarados objetivamente nem podem ser vistos a olho nu. Mas há muitos indicativos de que eles existem.

Para começar, a taxa de desemprego das mulheres é cerca de 20% maior que a dos homens. Segundo a pesquisa nacional por amostra do primeiro trimestre de 2023 do IBGE, isso já era evidente em uma sondagem divulgada pelo Instituto Brasileiro de Economia da Fundação Getulio Vargas (FGV Ibre) no Dia Internacional da Mulher de 2022, que apontou que, desde 2012, a taxa de desemprego das mulheres é superior à dos homens. Segundo a FGV, entre 2014 e 2019, a taxa de participação feminina no mercado de trabalho cresceu e atingiu 54,34% em 2019. Em 2020, com a pandemia, o índice recuou para 49,45% e ficou inferior ao início da série histórica, em 2012, que registrou 51,58%. Em 2021, houve uma leve melhora, mas os números ainda são bem inferiores aos masculinos.

A diferença da quantidade de homens e mulheres nas posições mais altas da hierarquia corporativa é um dos indicativos mais contundentes. Segundo o relatório International Business

Report da Grant Thornton para referente ao ano de, as mulheres ocupam apenas 38% dos cargos de liderança no Brasil.

Das mais de 250 empresas brasileiras pesquisadas, 6% afirmaram não manter nenhuma mulher em cargos de liderança, felizmente muito abaixo dos 48% do Japão, 33% da Coreia do Sul e 22% da Grécia, e também abaixo das médias global (10%) e da América Latina (11%). No pico, em 2015, esse índice chegou a 57% aqui no Brasil. Felizmente, o quadro mudou.

Com relação aos cargos, a pesquisa mostra que só 35% dos postos de presidente executivo (CEO), no Brasil, são ocupados por mulheres, 1 ponto percentual abaixo do ano anterior, mas 11 pontos percentuais acima da média global, que é 24%. No cargo de liderança financeira (CFO) houve uma alta de 4 pontos, passando para 47% em 2022. Os índices se mantiveram os mesmos de 2021 para COO, com 28%, e, para sócia, com 4%.

Cargos de liderança ocupados por mulheres no Brasil

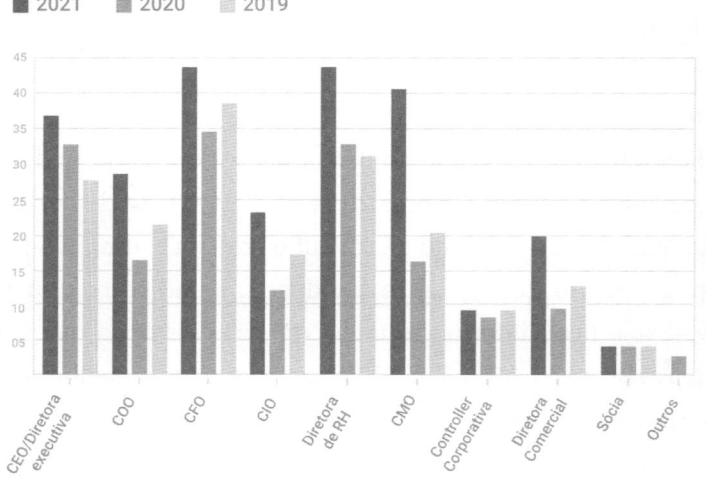

Fonte: Grant Thornton.

Outra pesquisa interessante feita pela Confederação Nacional da Indústria (CNI) em março de 2023 mostra que mulheres ocupam apenas 29% dos cargos de liderança na indústria brasileira e que só 14% das empresas têm áreas específicas dedicadas à promoção de igualdade de gênero no local de trabalho.

Em março de 2023, um estudo feito por Janaína Feijó, do FGV Ibre, divulgado pela revista *Infomoney* de 8 de março do mesmo ano, mostrou que as mulheres tinham mais anos de estudo e eram maioria na população brasileira, mas ocupavam apenas 36,6% dos cargos gerenciais.

Nas palavras da pesquisadora: "Os resultados dos gráficos 4 e 5 evidenciam o fenômeno teto de vidro (*glass ceilling*), [que] diz respeito a uma barreira invisível que dificulta o acesso das mulheres a níveis mais altos da hierarquia organizacional das empresas. A progressão da carreira feminina dentro da empresa ocorre de forma mais lenta do que a dos homens. Essa barreira aglutina barreiras de natureza legal, social, cultural, educacional, entre outras. Dentre os efeitos desse fenômeno tem-se: 1) discriminação salarial, em que, mesmo a mulher possuindo as mesmas competências do homem, ela tende a receber um menor salário; e 2) sub-representação feminina em funções de gestão, pois, embora tenham as mesmas habilidades e experiências, não ocupam cargos de gestão na mesma proporção que os homens. As mulheres são maioria apenas em cargos de 'dirigentes e gerentes de serviços profissionais'."

Gráfico 4: Gap de gênero – rendimento habitual de todos os trabalhos – 4º trimestre de 2012 a 2022 – Brasil (Quantos % os homens ganham a mais que as mulheres com as mesmas características?)

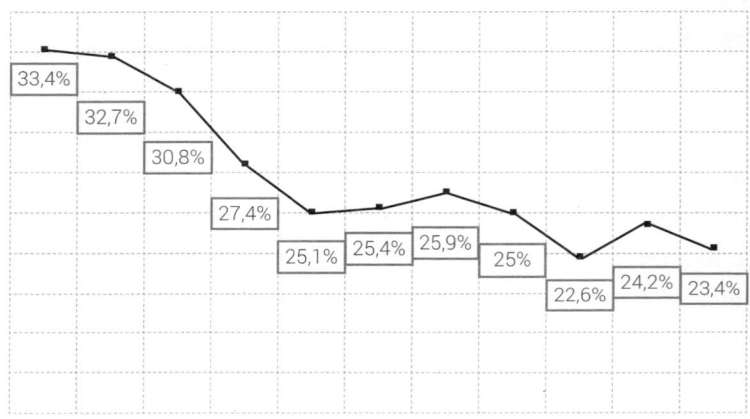

Gráfico 5: Composição de gênero em cargos de gerência – 2012.T4 a 2022.T4 – Brasil

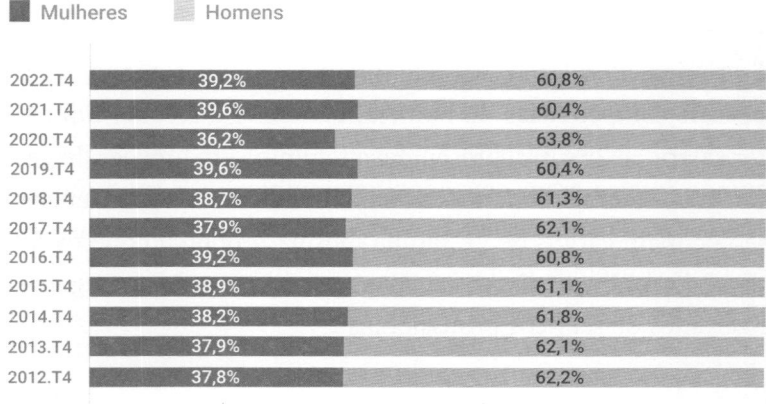

Fonte: Elaboração de Karinna Forlenza com base nos microdados da PNAD Contínua – IBGE

A diferença salarial é outro indicador das imensas diferenças entre mulheres e homens no mercado corporativo. Quando homens e mulheres ocupam o mesmo cargo, os salários dos homens são mais altos que os das mulheres. Pelo simples motivo de gênero, nada mais. De acordo com uma pesquisa da Catho realizada em março de 2021 e atualizada em maio de 2023, até quando as mulheres se aproximam do topo, recebem menos que os homens pelo mesmo trabalho. Segundo essa pesquisa, mulheres em posições de liderança têm salários 34% menores que os dos homens realizando as mesmas funções e ocupando os mesmos cargos. Já em funções como gerente e diretor, elas chegam a ganhar 24% menos que os homens.

A disparidade salarial realmente assombra. Ela vem mudando por pressão popular, mas ainda está longe de ser igualada em boa parte das empresas para cargos em geral. Se a luta feminina para conseguir espaço no mercado lentamente está mudando essas estatísticas, ainda estamos muito distantes de um cenário saudável. O tempo todo recebemos lembretes de que, embora estejamos nesses espaços, o "clube do bolinha" não deixa de prevalecer.

Segundo outro estudo, o Women in the Workplace 2023, realizado pela McKinsey & Company e publicado em outubro de 2023, apenas 28% dos cargos C-Level, ou executivos, no mundo inteiro eram ocupados por mulheres. O estudo indica que ocupamos uma parte muito pequena dos espaços disponíveis em conselhos empresariais, e, quando isso acontece, em geral é consequência de campanhas internas nas empresas por mais diversidade. É como se fosse algo importante apenas para cumprir uma cota socialmente "correta".

Os números sobre hostilidade em relação às mulheres no mercado de trabalho são chocantes, e mais um sinal da existência dos tetos de vidro. Infelizmente, a imensa maioria das mulheres brasileiras no mercado de trabalho já sofreu assédio sexual, além de assédio moral e outras formas de agressão. Sabemos que uma grande parte das ocorrências não são reportadas, e talvez por isso os dados de pesquisa que encontramos divirjam tanto.

Segundo uma pesquisa feita pela startup de aconselhamento jurídico Fórum Hub e divulgada pela revista *Veja* em junho de 2023, 18,3% das mulheres já sofreram assédio sexual no trabalho, percentual cinco vezes maior que o dos homens — de 3,4%. Quando o assunto é assédio moral, 31% das mulheres relataram já terem sofrido esse tipo de violência, enquanto para os homens o patamar é de 22%. Por outra pesquisa, feita pelo LinkedIn em parceria com a consultoria de inovação social Think Eva, que ouviu on-line 414 profissionais em todo o país, quase 50% das mulheres já sofreram algum assédio sexual no trabalho. Entre elas, 15% pediram demissão após o assédio. E apenas 5% delas recorreram ao RH das empresas para reportar o caso (o que corrobora nossa desconfiança sobre a disparidade de dados).

Outros institutos encontraram dados mais alarmantes. A pesquisa realizada pelos institutos Patrícia Galvão e Locomotiva aponta que violências cotidianas no trabalho ainda não são reconhecidas: 36% das trabalhadoras dizem já haver sofrido preconceito ou abuso por serem mulheres, porém, quando apresentadas a diversas situações, 76% reconhecem já ter passado por um ou mais episódios de violência e assédio no trabalho. A pesquisa "A Mulher na Comunicação — Sua força, seus desafios", realizada em 2022 pela Associação Brasileira de Comunicação Empresarial (Aberje) mostra que 72% das participantes, ou três em cada quatro, já enfrentaram assédio no local de trabalho, da mesma forma que 77% já presenciaram atos de assédio contra outras mulheres nesses locais. Filhos também são um assunto complicado quando falamos de trabalho, mulher e tetos de vidro. Segundo a pesquisa "Licença-maternidade e suas consequências no mercado de trabalho do Brasil", realizada pela Escola Brasileira de Economia e Finanças da Fundação Getulio Vargas (FGV EPGE), em geral, 48% das mães saem de seus trabalhos nos primeiros 12 meses após terem filhos. Entre as muitas causas estão a falta de vagas em creches durante o expediente, as dificuldades financeiras e a demissão pelo empregador, simplesmente porque a rotina de uma mãe "não condiz com a cultura da empresa", segundo os empregadores. Muitas mães aceitam empregos abaixo de suas capacidades e necessidades salariais para terem mais flexibilidade de horário.

O SENTIMENTO DE INADEQUAÇÃO

Esse triste cenário é resultado da estrutura da sociedade refletida no ambiente corporativo, e não é à toa que ele é tóxico para as mulheres. Os tetos de vidro não se revelam apenas por meio de diferenças salariais, ocupação de cargos de liderança, dificuldades com a maternidade, sem mencionar assédio sexual e outras hostilidades. O tempo inteiro a mulher sente que precisa provar que tem capacidade para estar ali, precisa lutar por espaço para falar, para se colocar, para não ser interrompida, para não ser diminuída, ridicularizada ou tratada de forma menos digna do que merece. Ela se sente culpada, incompetente e inadequada no que faz.

No livro *A jornada da heroína*, Maureen Murdock descreve a relação da mulher com o mundo corporativo e como ela, muitas vezes, deve adaptar o próprio comportamento para se tornar "um dos caras" dentro das empresas. Segundo Murdock, a mulher precisa vencer os próprios monstros internos, que conhecemos como a "síndrome de impostora", para ter sucesso. Totalmente sozinha, ela precisa driblar os fantasmas da autossabotagem, do medo e da inadequação, até que finalmente consiga receber a validação que sempre sonhou. Mesmo quando vence, com o passar do tempo, o sabor da conquista se torna amargo. A mulher pode vir a sentir um vazio, ou inadequação, no momento em que chega ao topo. Pode começar a questionar a essência da empresa ou enxergá-la com outros olhos.

Murdock explica no capítulo 1 que "a imagem que elas tinham da vista lá no alto não incluía sacrifício de corpo e alma. Ao notar os danos físicos e emocionais causados às mulheres nessa jornada heroica, concluí que elas estão vivendo tamanha dor porque escolheram seguir um modelo que nega quem elas são". O trajeto até o sucesso foi pautado nas expectativas corporativas e nas vontades de outras pessoas.

Tetos de vidro também podem ser formados por expectativas culturais em relação ao papel do feminino, como a modéstia e a graciosidade que se esperam das mulheres, ou profissionais, como a camaradagem entre homens que se apoiam mais em função de estarem mais próximos, fazerem mais networking e construírem mais relações pessoais. Apesar do estudo do LeanIn com a McKinsey mostrar que temos ambição e queremos crescer na carreira, na prática, o que observo são comportamentos que mostram que mulheres não se veem prontas para assumir posições mais altas na carreira, ou o bom e velho perfeccionismo — e o que está por trás dele.

De qualquer forma, todos esses aspectos estão intrinsecamente conectados. A modéstia e o perfeccionismo estão diretamente ligados ao paradigma sob o qual vive a mulher ocidental, que impõe que ela seja "recatada, graciosa e perfeita", além de boa mãe, cuidadora dos familiares, enquanto não deixa de lado a própria beleza.

A meu ver, o fim da jornada da heroína, segundo Murdock, é a busca por equilíbrio entre o masculino e o feminino dentro da mulher. Podemos, sim, usar nossa conexão profunda com outras pessoas, tão associada à "mente feminina", de forma estratégica; assim como devemos demonstrar firmeza, jogo de cintura e coragem ao defendermos nossas decisões.

O livro de Maureen Murdock é de 1990. Pouca coisa mudou desde então, porém cada vez mais gente tem concordado com ela. Marilyn Loden, por exemplo, diz que o padrão tradicional de administração, que é basicamente masculino, precisa se fundir estilo de liderança feminino para obter o melhor de cada um.

Concordo plenamente com esses argumentos, pois vivi na pele tudo isso. Depois de mais de dez anos desde a minha demissão, eu ainda sonhava, pelo menos uma vez por semana, que voltaria a ser contratada pelo meu antigo chefe. Eu não entendia por que tinha sido cortada, ainda mais em uma empresa que tinha investido tanto em mim.

Não voltei mais à carreira corporativa. Em vez disso, abri minha empresa de treinamento e coaching voltada para mulheres. Eu via que minhas clientes chegavam com questões muito parecidas com as que eu tinha vivido. Elas se perguntavam por que não eram promovidas se trabalhavam tanto e também possuíam questões em relação à própria visibilidade. Também se perguntavam por que os colegas homens que faziam pouco e falavam muito eram promovidos.

Muitas clientes também se viam como impostoras. Achavam que estavam fazendo algo de errado e acreditavam que, em algum momento, seriam "descobertas" por alguém, seriam desmascaradas. Só isso explicaria por que o trabalho delas não chegava às pessoas influentes depois de tanta dedicação e entrega honesta à empresa, segundo a maioria delas.

Lembro-me bem de uma situação com meu chefe, quando eu estava lá na empresa da qual fui demitida. Durante um almoço, quando ele me perguntou por que eu não estava "pulando" na frente do presidente da companhia para apresentar meus projetos, já que meu tema era a "bola da vez" no interesse corporativo. Eu não entendi e o questionei, explicando que meu trabalho era sério e consistente, e que o presidente o notaria por si só. Meu chefe respondeu que o presidente não estava vendo meus projetos em uma linguagem que entendesse. Em resumo: eu não estava sendo notada o suficiente nem ocupando o espaço que poderia.

Pouco tempo depois, já fora daquela empresa, me senti como um pássaro abatido em pleno voo. Foi um misto de sentimentos: rejeição, injustiça, revolta, raiva, além de um vazio inexplicável. Demorei muito tempo para entender o que eu tinha feito de errado. Muitos anos depois, já trabalhando com outras mulheres, me dei conta: o que me fez ser despedida não foi o que eu fiz — porque eu fiz, sim, muita coisa boa —, mas o que deixei de fazer.

Para subir na carreira, não precisamos trabalhar mais, entregar mais ou ser diferentes do que somos. Temos tanta competência, capacidade e formação somos muitos homens — ou até mais. Mas, ao observarmos os aspectos culturais e corporativos que envolvem as mulheres no mercado de trabalho, percebemos que a sensação de não pertencimento e a síndrome de impostora, que parecem tão individuais, na verdade têm raízes muito profundas. Quando as colocamos em perspectiva, fica mais fácil compreender de onde elas vêm e quanto influenciam nossas crenças individuais, atitudes e comportamentos.

A PIRÂMIDE CORPORATIVA

Não sei se você já pensou nisso, mas pirâmides são figuras bem masculinas. Indicam linha, caminho, direção, solidez, hierarquia — coisas que, como veremos no capítulo 3, são parte da energia masculina. Os faraós construíram pirâmides no Egito para garantir a imortalidade e o reconhecimento eterno — e funcionou. Até hoje, falamos sobre eles. As estruturas hierárquicas da maioria das empresas no Brasil e no mundo geralmente são representadas por uma pirâmide, assim:

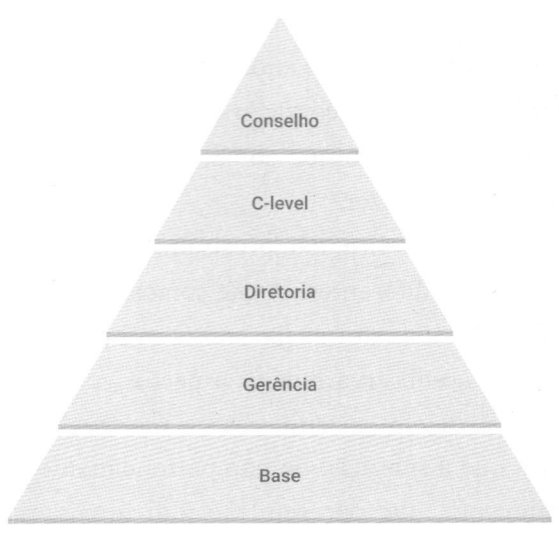

Na pirâmide corporativa de cargos, a maior parte das mulheres brasileiras estaria na base, nos cargos de entrada, em números similares aos dos homens, em torno de 50% cada um. Segundo a FGV, em 2020, com a pandemia, o índice de empregos femininos recuou para 49,45% e ficou inferior ao início da série histórica, em 2012, que registrou 51,58%. Em 2021, houve uma leve melhora para 51,56%. Na gerência, segundo o que foi mostrado, seríamos 36%, em boa parte das empresas brasileiras, e, acima disso, a quantidade de mulheres nem sequer chega a 20%. Até, mesmo quando estamos no topo, recebemos menos. Em 2021, mulheres em cargos de liderança tinham salários 34% menores do que os dos homens, segundo pesquisa da Catho feita em 2021 e atualizada em 2023. Além disso, no mundo inteiro, apenas 6% dos cargos C-Level são ocupados por mulheres. Ocupamos somente 8% dos espaços disponíveis em conselhos empresariais, em geral por conta de campanhas internas de diversidade.

Para mudar esses números, o primeiro passo é entender a dinâmica que faz com que eles sejam tão desfavoráveis às mulheres.

Hierarquias são complexas e muito antigas. Se, por um lado, elas estabelecem um topo restrito e altamente disputado, também oferecem ordem dentro do caos que pode existir em uma organização.

De acordo com um estudo conduzido pela equipe do site Etymonline, especializado em etimologia, a palavra *hierarchia* costumava se referir a um contexto religioso cristão, descrevendo a organização celestial de anjos. O sentido mais parecido com o que conhecemos hoje surge apenas no século XVII, para se referir às estruturas de poder do clero.

A estrutura hierárquica é dominante há muito tempo, o que não significa que seja um método de trabalho acolhedor ou saudável para todos. Na verdade, hierarquias e burocracias são pensadas para homens. Quem explica isso é Rosabeth Moss Kanter, prestigiada professora de administração da Escola de Negócios de Harvard. Em seu livro *Men and Women of the Corporation*, Kanter nos aponta que corporações sempre foram conduzidas por uma tal "ética masculina", que prioriza alguns traços de personalidade, associados socialmente a homens, como: "Uma insistência para resolver problemas; habilidades analíticas para imaginar e planejar; uma capacidade de deixar de lado considerações pessoais e emocionais para realizar conquistas; uma superioridade cognitiva para resolver problemas e tomar decisões." A autora ainda completa: "Enquanto organizações estavam sendo definidas como máquinas de gênero neutro, princípios masculinos estavam dominando suas estruturas de liderança."

O que minhas entrevistas revelaram, juntamente com dados que colho há mais de dez anos de prática e em outros 15 como executiva, é que a estrutura hierárquica não é apenas uma convenção estrutural de uma empresa, mas também uma divisão clara dos tetos de vidro que impedem o crescimento das mulheres dentro de uma empresa. Os tetos de vidro corporativos impedem:

- A passagem dos cargos de base para a gerência da empresa;
- A transição entre gerência e diretoria;
- A subida entre diretoria e C-Level (como CEO e outros cargos executivos);
- A jornada de C-Level para ser parte do conselho da empresa.

Na última década, criamos cada vez mais vocabulário e dados para comprovar esses pontos que, frequentemente, parecem impressões individuais. Apesar de serem transparentes, esses tetos são bem visíveis quando observamos os gráficos da consultoria McKinsey em relação à presença de mulheres em cada nicho de uma corporação de 2015 até 2020:

Representação das mulheres entre funcionários por cargos

A = cargo inicial
B = gerência
C = gerência executiva/diretoria
D = vice-presidência
E = vice-presidência sênior
F = presidência/CEO

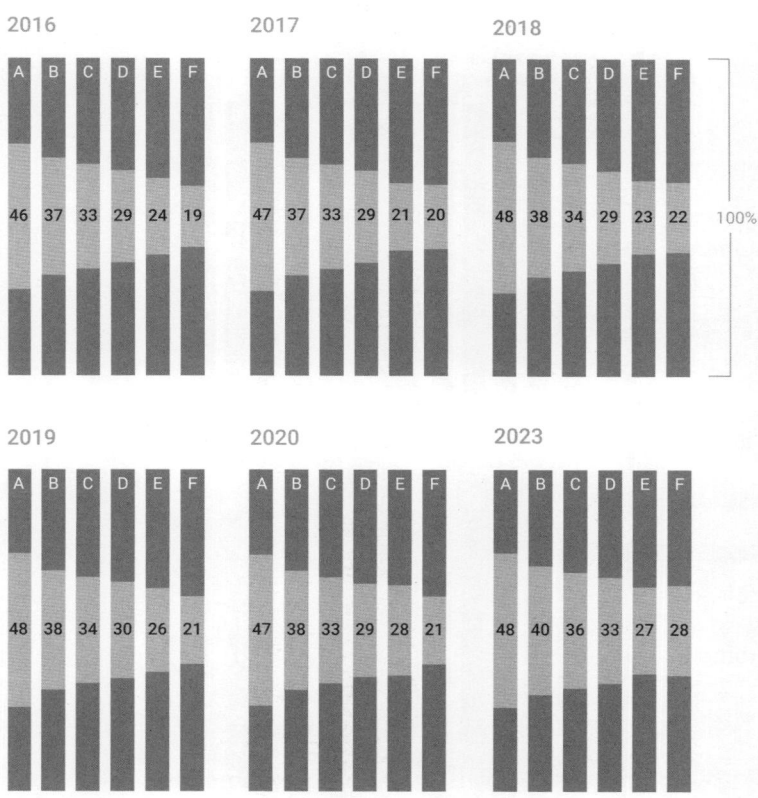

Fonte: Women in the Workplace 2023, McKinsey & Company.

Esses números são ainda mais desanimadores quando olhamos para a presença de mulheres negras, indígenas e latinas:

Representação por cargo corporativo, gênero e raça em 2023

A = cargo inicial
B = gerência
C = gerência executiva/diretoria
D = vice-presidência
E = vice-presidência sênior
F = presidência/CEO

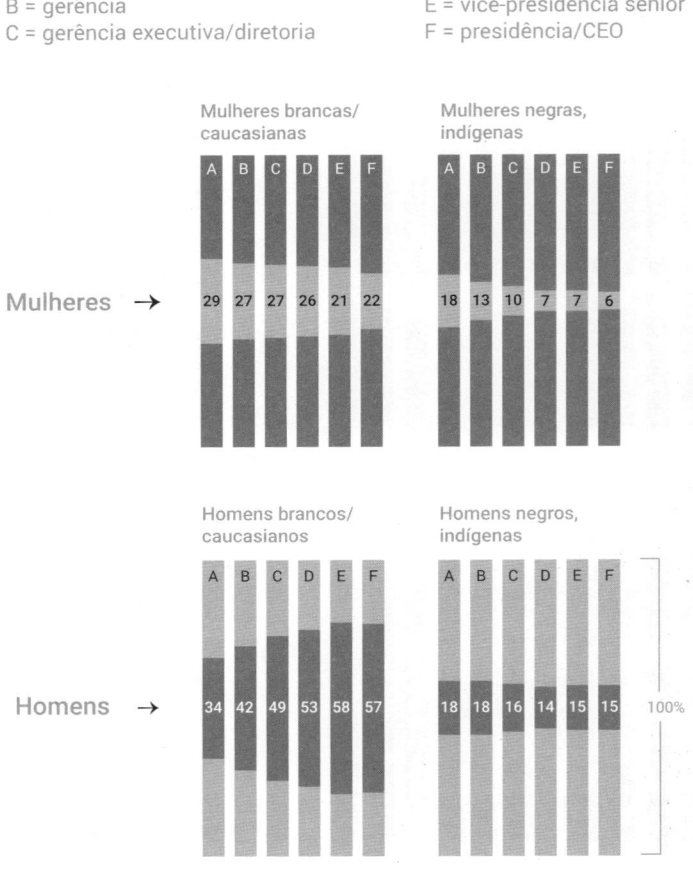

Fonte: Women in the Workplace 2023, McKinsey & Company.

Os tetos estão presentes em cada um desses gráficos, afunilando a presença de mulheres em cada passo da jornada rumo ao topo.

O IMPACTO NA VIDA DAS MULHERES

Até aqui, entendemos que tudo aquilo que nasce do recorte cultural e histórico causa impactos na forma como o mundo corporativo é estruturado e, por sua vez, no indivíduo.

Isso é o que observei em mais de uma década atendendo mulheres no topo da carreira, como conferencista e também como mulher. Percebo que os pensamentos e crenças pessoais, portanto, são coletivos. Os sentimentos de inadequação não existem apenas na cabeça de uma mulher — e sim na de várias.

Eu me propus a estudar isso mais de perto, escutando relatos da vivência de mulheres em vez de tirar conclusões a partir de pesquisas gerais. Entrevistei mais de 250 mulheres em carreira executiva, focando em pessoas que não fossem clientes nem amigas ou conhecidas. Meu propósito era ir além da minha bolha para abarcar outras vozes.

O que eu percebi é que muitas mulheres têm as mesmas dúvidas em relação ao desempenho no mercado ou ao merecimento do lugar a que chegamos. Muitas se enxergam como perfeccionistas, mas incapazes. Somos um exército que duvida de si o tempo todo.

Mulheres têm um problema estrutural de falta de autoconfiança — é a famosa síndrome da impostora. Segundo Jack Zenger, da consultoria de liderança Zenger Folkman, no artigo "The Confidence Gap in Men and Women: How inscreve Overcome It", só nos sentimos confiantes para nos inscrever em uma vaga de emprego quando cumprimos 100% dos requisitos, enquanto homens se sentem satisfeitos em cumprir apenas 60% deles.

O mesmo estudo aponta que apenas 32% das mulheres na faixa dos 20 anos se dizem autoconfiantes, enquanto 49% dos homens na mesma faixa etária dizem estar em paz com a própria confiança. É somente na faixa dos 40 anos que homens e mulheres são igualmente confiantes (53%).

Isso indica que perdemos muitas oportunidades entre nossos 20 e 30 anos porque não nos sentimos aptas para o trabalho nem prontas para o mercado. Passamos vinte anos das nossas vidas profissionais duvidando de nós mesmas.

E duvidando umas das outras.

Muitas das minhas clientes têm vergonha e medo de pedir que suas colegas as defendam, que evitem o roubo de ideias ou ajam, ativamente, pela sua promoção. As bases de apoio não são bem costuradas; fazemos amigos no trabalho, mas não estabelecemos vínculos que nos tragam apoios.

A falta de confiança estrutural leva as mulheres a diversos comportamentos que podem ser confundidos, pelas próprias mulheres, como incapacidade ou autossabotagem, entre eles:

- Acreditar que um trabalho bem-feito fala por si mesmo. Os colegas homens vivem se gabando de resultados, mas nós, mulheres, fomos ensinadas a ser modestas e não agir como eles.
- Ter medo de valorizar o sucesso e a própria trajetória até o topo. Não queremos ser vistas como "arrogantes" ou "petulantes".
- Sentir que estamos fingindo o sucesso, como se estivéssemos prestes a ser descobertas a qualquer minuto.
- Evitar delegar tarefas: preferimos nos afogar em trabalho para sufocar esse sentimento ruim.
- Ser perfeccionistas.
- Não saber listar as próprias qualidades, hesitando quando encorajadas a elencar pontos fortes e competências.

- Achar que lidar com estratégia não é para elas, que é algo grande demais para abocanhar. Gostamos mais de lidar com o operacional e o dia a dia.
- Repudiar o jogo político, ainda mais quando notamos que aquele colega, muito menos esforçado e talentoso, escalou até a diretoria.

Ou seja: tudo que acontece no coletivo recai sobre nós, mas sofremos individualmente. Esse desgaste é físico, emocional, mental e, infelizmente, nos faz acreditar ainda mais que somos farsantes, que o desempenho que deveríamos apresentar na empresa deveria ser ainda melhor do que já oferecemos. Com isso, achamos que temos problemas insolúveis e que, muitas vezes, são intransponíveis. Abrimos mão do nosso poder, pois acreditamos, falsamente, que não temos poder algum. Assim, perdemos a chance de ter carreiras satisfatórias e ricas, reconhecimento financeiro e profissional, desenvolvimento e paz de espírito.

Mas de onde será que vêm tantas barreiras que impedem as mulheres de crescer no ambiente corporativo?

CAPÍTULO 2

DUAS SÍNDROMES FEMININAS: A TAREFEIRA E A IMPOSTORA

A SÍNDROME DE TAREFEIRA

Quando as mulheres iniciam a carreira corporativa, preocupam-se em fazer um bom trabalho. Buscam todas as formas de se tornar mais preparadas, mais competentes e mais hábeis para cumprir sua função no mundo empresarial. É aqui que começam a investir em pós-graduação, mestrado, MBA e em todos os tipos de cursos para melhorar o desempenho, procurando tornar-se as melhores profissionais possíveis e adequadas para o cargo e a função. As mulheres querem realizar, executar e fazer, e fazem muito, tanto para poder subir na carreira, quanto para ser reconhecidas por isso. Elas mostram tudo o que fazem e se empenham muito para ser notadas. Elas focam o trabalho e o reconhecimento neste ponto da carreira: a entrega.

Segundo a já citada pesquisa "Women in the Workplace", um estudo anual organizado pela McKinsey e pelo Instituto LeanIn.org, criado por Sheryl Sandberg, ex-COO do Facebook e autora do best-seller *Faça acontecer*, é justamente na base da carreira que surgem as maiores dificuldades para a ascensão. Esse obstáculo é chamado de *broken rung*, ou degrau quebrado. Muitas companhias já se preocupam em levar mulheres para o topo, mas o "degrau quebrado" é uma dificuldade invisível na maioria delas. De acordo com a pesquisa, a cada cem homens promovidos para cargos de gerência, apenas 78 mulheres conseguem o mesmo feito. As estruturas corporativas prendem as mulheres à base e as impedem de crescer.

Em um artigo da revista *Forbes Women*, Rachel Thomas, cofundadora e CEO da LeanIn.org, disse em entrevista: "Enquanto homens são contratados e promovidos com base em seu potencial, as mulheres avançam na carreira com base naquilo que já conquistaram." As mulheres são testadas o tempo todo, e muito mais que os homens. Curiosamente (ou infelizmente), essa é a raiz de um dogma muito forte: na base, fazer uma boa entrega traz frutos. As mulheres ganham reconhecimento, promoção e aumento de salário realizando tarefas. Conquistam novas oportunidades e projetos.

Então, aqui nasce uma das mais nocivas crenças que as mulheres têm: elas passam a acreditar que seu trabalho fala por elas e continuam carregando essa convicção quando passam para os níveis mais altos da carreira. Reiterando: 99% das mulheres com quem converso, sejam clientes, amigas ou desconhecidas que assistem às minhas palestras, acreditam piamente que ==um bom trabalho fala por si mesmo.== E vivem esperando que o reconhecimento venha apenas em função disso! É aí que mora o perigo: quando as mulheres escalam na carreira, isso já não é mais verdadeiro, não pelo menos como era no início. E as mulheres não mudam sua maneira de pensar.

Nos níveis mais altos da carreira, outras habilidades começam a ser exigidas e valorizadas, como fazer política, por exemplo, ou ser mais estratégica e menos operacional. Para os homens, parece que isso é naturalmente encarado e incorporado por eles. Mas, para as mulheres, não. Elas continuam a querer realizar tarefas e a esperar que o reconhecimento de seu valor profissional venha disso. É a tal "síndrome de tarefeira". Ninguém conta isso para as mulheres depois da promoção. É algo que internalizamos sozinhas, ou nem sequer sabemos de forma consciente. Mas nos níveis superiores da hierarquia da carreira, as regras mudam.

Eu vi isso acontecer na história de Gisela,[1] a quem atendi enquanto coach. Ela construiu uma carreira no mercado financeiro e, em nossos atendimentos, me revelou que, ao receber a sonhada promoção para a gerência, "não tinha a menor ideia de quais eram os meios para ser reconhecida de forma mais relevante na hierarquia da empresa". Ninguém deu dicas para que ela fosse vista com autoridade. Para ela, "competência técnica e excelentes entregas já seriam suficientes para isso". Gisela precisou aprender sozinha — e confirmar nas nossas sessões — que o que era esperado dela, na gerência, era *visibilidade sobre o trabalho e a construção de uma reputação sólida como líder diante dos gestores*. A entrega, que era tão importante no início de sua carreira, passou a ter um papel diferente agora.

Em minha experiência, vejo que o problema das minhas clientes raramente tem a ver com a qualidade do trabalho ou da entrega. Isso costuma ser excelente (ainda que muitas perfeccionistas não o reconheçam assim). O que falta não é, portanto, melhoria. Falta o trabalho ser compartilhado, divulgado, mostrado! A entrega existe, mas o que é necessário é que ela seja mostrada! Porque, sozinha, não garantirá que será vista.

Garantir uma entrega boa e de qualidade é o mínimo que se espera de você ou de alguém em cargo de liderança. Mas achar que o caminho para o crescimento e a visibilidade é dei-

---

[1] Todos os nomes foram trocados para preservar a identidade das alunas.

xar a entrega ainda melhor é o maior engano! É um tiro no pé. Uma verdadeira roubada!

Visibilidade e reputação são construídas quando você consegue demonstrar a relação do seu trabalho com os objetivos da empresa (e da sua equipe também, é claro). Quanto mais relevante for o seu trabalho, e mais você souber mostrá-lo em reuniões, conversas e decisões estratégicas da empresa, mais visibilidade e reputação você desenvolve. O que a levou até esse cargo não será o que a levará além, de agora em diante.

Para a maioria de nós, mulheres, é muito difícil lidar com essa mudança. Como já falamos, não somos treinadas para o jogo corporativo, e conquistar visibilidade e reputação faz parte dele. Além disso, há quem tenha um perfil de pesquisadora, ou trabalhe com aspectos mais técnicos, e ache impossível delegar suas entregas, pois isso seria um risco que faria diminuir sua qualidade como profissional. Mas isso é uma falácia!

O que posso dizer é que ter dificuldade em se "vender" não é incomum. Quando ficamos focadas na entrega e não investimos em nossa visibilidade, em criar e mostrar nossa reputação, não será possível nem olhar para cima. Isso nos impede, automaticamente, de poder crescer. Pensamos coisas como "Nossa, vou ter que trabalhar ainda mais para chegar lá!" ou "Vou ter que abrir mão da minha vida pessoal", porque associamos crescimento à entrega. O que acontece é que, pensando assim, corremos ainda mais o risco de virar tarefeiras. Como fomos reconhecidas pela quantidade de entregas que fazíamos no início da carreira, quando estávamos na base da pirâmide corporativa, associamos excesso de trabalho (ou entrega perfeita) a crescimento profissional.

Em vez de equilibrar e priorizar aquilo que é estratégico e importante para a liderança, começamos a acumular projetos, entregas, supervisão, produção, conteúdo... E isso vira uma bola de neve! Só cresce, só acumula, sobrecarrega e desgasta. Especialmente a partir da gerência, a empresa vai valorizar mais as pessoas produtivas, aquelas que têm um olhar estratégico para o dia a dia e não se colocam em uma posição eternamente assoberbada de trabalho.

Existe, sim, o momento de ralar. Trabalhar duro é importante e positivo, se você quer se destacar na carreira. Mas, a partir da gerência, é essencial olhar mais para fora do seu mundo do que para dentro. Quanto mais ascendemos na pirâmide, mais global deve ser o nosso olhar em relação à empresa. É hora de fazer como a Elsa, do filme *Frozen*, da Disney, e deixar algumas das suas atribuições irem para outras pessoas do seu time. *Let it go!*

Isso não quer dizer que você deve deixar de lado a qualidade das entregas do seu núcleo da empresa. Significa que é relevante, mais do que tudo, saber priorizar o que de fato importa. Ter critérios claros, que a coloquem no campo de visão de quem importa. E comunicar o tempo todo o que você está fazendo de bom.

Eu sempre digo: é necessário saber o quê, para quem, como e quando comunicar o que se faz. Assim, começamos a dar visibilidade ao trabalho de maneira até mais natural. Um ponto muito importante é que é preciso confiar na sua equipe a ponto de delegar tarefas sem medo. Outro ponto é: se você não confia na própria equipe, ou se ela não é qualificada o suficiente, você gastará muito tempo fazendo (ou refazendo) o trabalho dela e não terá tempo para agir como uma líder, deixando de trabalhar sua visibilidade, sua reputação e de participar, de verdade, do jogo corporativo.

A (SOBRE)CARGA MENTAL DAS MULHERES NO TRABALHO

A carga mental das mulheres, ou melhor, a sobrecarga, em relação às entregas no trabalho é um fenômeno que reflete as pressões e responsabilidades adicionais que a maioria de nós enfrenta em nossas carreiras. Carga mental é um conceito recente e se refere ao trabalho invisível realizado principalmente por mulheres. É o esforço cognitivo e emocional necessário para realizar tarefas, tomar decisões e gerenciar responsabilidades. Trata-se do peso mental de lidar com as demandas e obrigações do dia a dia, tanto no trabalho quanto na vida pessoal. A carga mental não se refere apenas à quantidade de trabalho físico ou de tarefas a serem realizadas, mas também ao trabalho mental necessário para planejar, organizar, priorizar e resolver problemas — e não é um trabalho desprezível em termos de desgaste e estresse.

Embora esse fenômeno possa variar de acordo com a cultura organizacional e outros fatores, ele está enraizado nas dinâmicas de gênero e expectativas sociais. Alguns pontos-chave sobre isso envolvem:

- **Coordenação e organização**: Muitas vezes, é esperado que as mulheres assumam o papel de organizadoras e coordenadoras, tanto no ambiente de trabalho quanto em casa, seja por conta de expectativas sociais ou pelos "tradicionais" papéis de gênero. Isso pode levar a uma maior pressão para garantir que todas as partes envolvidas estejam alinhadas, prazos sejam cumpridos e projetos sejam bem-sucedidos.
- **Tarefas invisíveis**: Além das tarefas tangíveis, as mulheres muitas vezes também são responsáveis por tarefas "invisíveis" que contribuem para o bom funcionamento do

ambiente de trabalho, como cuidar das necessidades emocionais da equipe, garantir que o ambiente seja acolhedor e lidar com conflitos interpessoais.

- **Dupla ou tripla jornada**: Muitas mulheres ainda enfrentam o desafio da dupla ou tripla jornada de trabalho, que envolve equilibrar as demandas profissionais com as responsabilidades domésticas e familiares. Ela é tripla quando inclui outro trabalho freelancer, além do seu emprego convencional, ou quando tem que cuidar dos pais ou parentes idosos, entre outras atribuições. Isso pode aumentar significativamente a carga mental, já que as mulheres precisam equilibrar múltiplos papéis e garantir que tudo seja gerenciado de forma eficiente.
- **Pressão social e expectativas**: As mulheres muitas vezes enfrentam pressões sociais para ser bem-sucedidas em todas as áreas, o que pode resultar em altas expectativas pessoais, gerando uma carga mental extra, pois elas lutam para atender a essas expectativas, mesmo quando não são realistas ou alcançáveis.
- **Cultura organizacional**: A cultura de trabalho em muitas organizações pode contribuir para sobrecarregar as mulheres. Se a cultura não valoriza a flexibilidade, o equilíbrio entre trabalho e vida pessoal, e não aborda questões de gênero, as mulheres podem sentir uma pressão maior para provar constantemente seu valor e sua capacidade.
- **Efeito Matilda**: Em muitos casos, as contribuições das mulheres no ambiente de trabalho podem ser subestimadas, minimizadas ou até mesmo creditadas a outros. Esse fenômeno é conhecido como "Efeito Matilda", o que pode causar frustração e exaustão emocional. O Efeito Matilda, *stricto sensu*, é o preconceito frequente contra reconhecer

as contribuições de mulheres cientistas em pesquisas, cujo trabalho é frequentemente atribuído a colegas homens. A primeira vez em que se descreveu esse efeito foi no século XIX, pela sufragista e abolicionista Matilda Joslyn Gage, no ensaio escrito por ela e intitulado "Woman as Inventor". A expressão foi cunhada em 1993 pela historiadora da ciência Margaret W. Rossiter.

A conscientização sobre a carga mental das mulheres está crescendo e muitas organizações estão começando a adotar medidas para abordar essas desigualdades. Isso inclui a promoção de uma cultura de trabalho inclusiva, a implementação de políticas de equilíbrio entre trabalho e vida pessoal e o incentivo à liderança feminina. Todos os assuntos ligados à carga mental feminina são complexos e multifacetados e estão enraizados em normas sociais, expectativas de gênero e dinâmicas organizacionais, e fazem parte de um aspecto invisível e naturalizado na sociedade, que não se discute, mas que é bastante nocivo para nós.

TESTE: VOCÊ É TAREFEIRA OU PRODUTIVA?
Como saber se você é tarefeira? Vamos fazer um teste aqui, que é mais uma "brincadeira". Criei a tabela a seguir com base em um excelente artigo de Vartika Kashyap sobre atividade *versus* produtividade. Assinale em cada linha a alternativa com a qual você se identifica mais.

QUEBRE O TETO DE VIDRO

VOCÊ...	
❏ Se preocupa com a **quantidade** de entregas.	❏ Se preocupa com a **qualidade** das entregas.
❏ Não é boa em planejar.	❏ É uma planejadora meticulosa.
❏ Julga os outros (e a si mesma) pelas **horas trabalhadas**.	❏ Avalia os outros (e a si mesma) pelo **resultado**.
❏ Adora falar sobre como está ocupada.	❏ Adora falar sobre como os seus resultados e os da equipe a deixam satisfeita, alegre ou orgulhosa.
❏ É melhor em trabalhos **rotineiros e mecânicos**.	❏ É melhor em trabalhos **criativos e pouco rotineiros**.
❏ Tenta **se sentir** produtiva.	❏ Tenta **ser** produtiva.
❏ Tem muitas prioridades.	❏ Tem apenas algumas prioridades.
❏ É uma *hard worker*.	❏ É uma *smart worker*.
Se você assinalou mais alternativas nesta coluna, você é... **A TAREFEIRA!**	Se você assinalou mais alternativas nesta coluna, você é... **A PRODUTIVA!**

DIRETORIA E C-LEVEL: A HORA DO JOGO POLÍTICO

Nas minhas palestras, quando falamos sobre crescimento e jogo político dentro da empresa, a maioria das mulheres presentes confessa ter certo "ranço" desse tema. SEMPRE.

Eu entendo muito esse sentimento. Somos ensinadas a ver tudo que é político com desconfiança. Além disso, é superdifícil enxergar a importância da nossa voz sem ter um volume gigante de entregas para nos validar. Fomos convencidas, do estágio à coordenação, que nosso trabalho fala por nós. Jogo corporativo para quê?

Acontece que tudo é jogo político. Ele existe desde que o mundo é mundo. Todo e qualquer convívio em grupo humano é político por natureza. A palavra "política" é derivada do termo grego "politikos", que designava os cidadãos que viviam na "polis". "Polis", por sua vez, era usada para se referir à cidade e também, em sentido mais abrangente, à sociedade organizada. Onde quer que haja duas ou mais pessoas, haverá a necessidade de definir regras de convivência, limites de ação e deveres comuns. A política acontece justamente no ato de existir em conjunto. Dessa forma, a origem da política remonta à participação na comunidade, à vida coletiva. Bem diferente do que se costuma pensar sobre a política como algo limitado aos políticos profissionais e longe do nosso cotidiano. Seu grupo de família envolve jogo político, por exemplo. Pense em uma tentativa de marcar um jantar de família: sempre haverá aqueles que puxam conversa, discutem nos bastidores e têm bastante participação nas decisões; já outros estão felizes com qualquer coisa e pouco se envolvem nas dinâmicas familiares.

No fim das contas, o jantar é decidido por aqueles que fizeram questão de se manifestar, junto com a decisão dos demais que, por uma ou outra razão, preferiram se eximir. Tudo nessa vida envolve trânsito, comunicação, jogos de poder. Não querer participar já é uma escolha. Ou seja, quer queira, quer não, você já está no jogo.

JOGUE O JOGO E GANHE

Eu tenho um jeito particular de enxergar o tema da síndrome de tarefeira. Gosto de começar comparando o jogo corporativo com um jogo de tabuleiro. Se você já jogou qualquer um desses, por exemplo, Banco Imobiliário com seus primos, deve lembrar que em algum momento acontecia uma briga, uma discussão, por conta de alguma jogada duvidosa de alguém. Depois, todos iam juntos comer algo e a briga acabava. É exatamente assim que você deve encarar o jogo corporativo. Ele tem hora para começar e acabar. Aliás, encare assim sua carreira *toda*. Aprenda a se distanciar o suficiente para:

- Manter um olhar estratégico para o trabalho.
- Não se envolver tanto emocionalmente.

Gosto de bater nessas teclas porque, no fim das contas, quando o jogo acabar, você poderá sair dele sem esforço e sem sofrimento. Em um jogo, você pode passar horas olhando para as estratégias, decidindo o que fazer. Mas depois se afasta sem tanto apego ou envolvimento emocional. Aquilo é bom (ou ruim) enquanto dura. Mas acaba.

Outra coisa é que saber jogar é uma habilidade que se aprende. Pense que o jogo político é algo fundamental para abrir oportunidades para você, como falar inglês deve ter sido em algum ponto da sua carreira. Incorporar a habilidade de jogar é aprender o aspecto mínimo necessário para estar onde você está e poder crescer. Sem saber jogar, as portas vão se fechando e você vai cansando; até porque, esse jogo nunca foi ensinado para as mulheres. Que empresa ou sociedade deu um manual de como ter sucesso na carreira quando começamos a trabalhar? Nenhuma. Assim como o mercado de trabalho nunca se adaptou à nossa entrada. Então, a sensação que você tem de estar diante de um enorme e ameaçador vazio é coletiva, não é individual. Minha sugestão é encarar como uma habilidade a ser aprendida tende a suavizar nossa visão sobre o tema.

==Pense que você não é uma peça no jogo. Você é quem move as peças.== No mundo corporativo, o jogo político também começa na base. Quem nunca, no começo da carreira, lidou com um estagiário que brilhava mais que os outros — ou até mesmo *foi* esse estagiário? Toda vez que você cresceu na carreira, é porque estava fazendo aquilo que era esperado de você: uma boa entrega, uma boa comunicação com a chefia, um bom toque pessoal no trabalho, uma articulação adequada para fazer as coisas acontecerem. Mas, a bem da verdade, a partir de qualquer cargo que exija um posicionamento de liderança, esse jogo se torna imprescindível. Visibilidade e reputação são essenciais, e a entrega se torna algo menos prioritário.

Vou trazer aqui algo que você já deve saber faz tempo: empresas são lugares que priorizam quem aparece. É muito bom construir relações, fazer amizades e ajudar na festa de final de ano, mas isso não coloca você no topo. O que coloca você no topo são o resultado e a divulgação desse resultado para as pessoas certas: quanto você trouxe de lucro para a empresa, quanto economizou ao tomar decisões estratégicas, e coisas dessa natureza. Quem é "modesto" demais, "gente boa", mas não se preocupa se o seu trabalho chega aos ouvidos certos, vai ser pouco priorizado.

Conhecendo as engrenagens das pirâmides que cercam a vida corporativa, fica muito claro que é impossível quebrar tetos de vidro sozinha e sem estratégia. Felizmente, já existem muitas iniciativas que se propõem, hoje, a transformar o sistema por dentro. Gosto muito da iniciativa do 30% Club, ou Clube dos 30%, uma organização global sem fins lucrativos apoiada por muitas das CEOs mais poderosas do mundo, e por empresas líderes, que luta pela inclusão de mulheres no corpo diretivo de empresas ao redor do globo. Segundo o 30%, a transformação na cultura de uma empresa — e no mundo — só acontecerá quando pelo menos 30% de todas as diretorias de empresas do mundo forem compostas por mulheres.

Parece impossível? Talvez. Mas, por muito tempo, seria impossível ter mulheres dirigindo empresas. Nos anos 1930, metade da sociedade norte-americana era contrária à ideia de lideranças políticas femininas. Não tínhamos direito de votar, dirigir ou viver sem a permissão do pai e do marido. Para as mulheres dos anos 1960, era impossível encontrar propósito fora do casamento — e aqui estamos. Mulheres incansáveis do passado abriram caminho para nós. Agora, é nossa vez de retribuir — e transformar o jogo para as futuras gerações.

É importante lembrar que tudo isso faz parte de um jogo. E em qualquer jogo existem dois momentos. Primeiro, aprendemos as regras; depois, aprendemos a jogar. É como Banco Imobiliário. Uma coisa é saber que você pode construir casas e transformá-las em hotéis para gerar mais lucro, e isso é uma regra do jogo. Outra coisa é entender que, ao construir muitas casas no mesmo bloco, você cria mais chances de que outros jogadores caiam nos seus terrenos. Isso é estratégia. É preciso aprender as regras, saber que cada nível corporativo tem uma exigência em relação a você — e assim suas chances de jogar bem e ganhar aumentam.

DUAS SÍNDROMES FEMININAS: A TAREFEIRA E A IMPOSTORA

A TÃO FALADA SÍNDROME DE IMPOSTORA

A vida inteira as mulheres foram colocadas dentro de caixinhas, e o mundo corporativo é só uma continuidade disso. Essas caixas nos machucam e deixam marcas profundas na nossa psique. Não temos como dar suporte ao outro se ainda carregamos feridas tão dolorosas. Quando somos tolhidas desde a infância, nós, mulheres, nos tornamos inseguras, assustadas e, principalmente, ficamos em dúvida se merecemos o lugar a que chegamos.

A síndrome do impostor ou da impostora, descoberta no fim dos anos 1970, foi associada exclusivamente a mulheres por muito tempo. É um fenômeno psicológico no qual indivíduos, mesmo quando apresentam evidências objetivas do próprio sucesso e competência, têm a persistente sensação de que são fraudes, de que não merecem suas conquistas e que em algum momento serão expostos como incompetentes. Essas pessoas não conseguem internalizar sucessos e atribuem suas realizações a fatores externos, como sorte, ajuda de outros ou engano.

A síndrome pode afetar pessoas em diversas áreas da vida, incluindo carreira, educação, relacionamentos e até mesmo hobbies. No entanto, é muito observada em ambientes profissionais e acadêmicos, em que há altas expectativas de desempenho e competição. Os sintomas típicos incluem:

- **Dúvida constante**: A pessoa sente uma constante insegurança e dúvida em relação às próprias habilidades e conquistas, mesmo quando há evidências claras de sucesso.
- **Minimização das conquistas**: A tendência de minimizar ou desvalorizar as próprias realizações, atribuindo-as a fatores externos, como sorte ou ajuda dos outros.

- **Medo de ser exposta**: O medo persistente de ser descoberto como uma "fraude" e de que outras pessoas percebam sua suposta incompetência.

- **Comparação com os outros**: Comparar-se constantemente com os outros e acreditar que todos ao redor são mais capazes e merecedores.

- **Atribuição do sucesso a fatores externos**: Atribuir o sucesso a circunstâncias externas, como ter trabalhado mais horas ou ter tido mais tempo para se preparar, em vez de reconhecer as próprias habilidades.

- **Autoexigência extrema**: Estabelecer padrões extremamente altos para si mesmo e acreditar que, a menos que atinja a perfeição, não é digno de reconhecimento.

A síndrome pode ser debilitante, causando ansiedade, estresse e até impactando negativamente a saúde mental e a autoestima. É importante ressaltar que essa síndrome não está relacionada à falta de habilidades ou competência real. Em vez disso, é um padrão de pensamento distorcido que pode ser influenciado por fatores como perfeccionismo, autocrítica excessiva, expectativas irrealistas e pressões externas.

Segundo artigo publicado na revista *Forbes*, "Why Impostor Syndrome Can Be a Good Thing" [Por que a síndrome do impostor pode ser uma boa coisa], que cita uma pesquisa do *International Journal of Behavioral Science*, 70% da humanidade já se sentiram uma farsa em algum momento da vida. Não existe uma causa única que explique essa síndrome; muitas coisas, na verdade, podem ser gatilhos, desde memórias de infância até ansiedade. No entanto, em entrevista à revista *Time*, a pesquisadora Valerie Young, especialista em síndrome do impostor e autora de *The Secret Thoughts of Successful Women*, tocou em um ponto importante: identificação constrói confiança. Quanto mais pessoas iguais a você estão na mesma sala, menores serão as chances de se sentir uma impostora.

Geralmente, quando nos sentimos assim é porque nos percebemos como inadequadas para determinada função, achamos que somos menores do que pede a cadeira que ocupamos ou mesmo que estivemos enganando a todos o tempo todo até então. Queremos nos encolher, quiçá nos esconder, diante da "ameaça" de ter mais responsabilidade e também de sermos mais visíveis. Mas, quando isso acontece, é o sinal para perfurar essa barreira e dar um passo na direção mais alta da sua carreira.

Lidar com a síndrome da impostora envolve um processo de autorreflexão, reconhecimento das próprias conquistas e desenvolvimento de autoconfiança. Terapia, aconselhamento e a busca de apoio social podem ser eficazes para superar essa síndrome e desenvolver uma perspectiva mais saudável sobre as próprias habilidades e realizações.

SERÁ QUE VOCÊ SE SENTE, DE FATO, UMA IMPOSTORA?
Com base nos estudos de Valerie Young, fiz um pequeno teste para você. Assinale tudo que considerar verdadeiro sobre si mesma.

❏ Sou perfeccionista e coloco expectativas muito altas para mim mesma.	❏ Preciso de treinamentos e cursos para validar meu conhecimento.
❏ Eu me sinto péssima ao errar e acho que todo erro é um fracasso terrível.	❏ Prefiro entregar tudo sozinha e me sinto mal por pedir ajuda.

❏ Hesito ao falar em uma reunião quando não tenho certeza absoluta sobre o tema.	❏ Eu me obrigo a trabalhar por mais horas do que meus colegas.
❏ Tenho pavor de parecer burra na frente de colegas e chefes.	❏ Preciso ser uma supermãe, superchefe e superesposa/namorada.
❏ Quando começo um novo projeto, checo todas as informações várias vezes.	❏ Aprendo rápido, mas me sinto uma fraude quando tenho dificuldade em entender.

Quantas alternativas você assinalou? Quantas delas deixaram você em dúvida? Se você marcou mais de 4 respostas, há chances de que você esteja sofrendo da Síndrome da impostora. Não sei o quanto ela está afetando sua vida, mas recomendo muito olhar para ela dessa forma menos definitiva e cerceadora. Vê-la como sintoma pode ajudar muito a dissolver o real problema. Foi assim que consegui entender duas possíveis origens da minha sensação de farsante. Apesar de ser um assunto bem íntimo, vou dividir com você.

Durante minha vida executiva, mesmo sendo apontada como alto talento pela companhia, percebi que me sentia uma farsa por dois grandes motivos: um externo e um interno. O externo já é bem conhecido. Coletivamente, somos criadas para a modéstia e a graciosidade. A expectativa é de que iremos cuidar dos outros, de forma "direita" e comportada. Ouvimos a vida toda que não se deve resolver nada na base do conflito. Não somos criadas para ser admiradas, e sim amadas, queridas.

Internamente, eu me sentia uma profissional que em algum momento iria ser "descoberta" por ser incompetente para o trabalho. Era como se eu tivesse sido contratada por meio de um currículo falso que não era meu e fora aprovado. Ou, como se tudo que eu tivesse feito na minha vida profissional não fosse real.

Foi importante ter aprendido algumas coisas que posteriormente me ajudaram a orientar minhas clientes e alunas:

- O RH pode ser falho, mas raramente é descuidado quando se trata de checar suas credenciais no mercado.
- Se você não fosse boa para a função, já teria sido demitida.
- Os desafios, as conquistas, os projetos efetivados e as metas batidas foram reais.

Ficar em silêncio, remoendo nossas deficiências, buscando o pior em nós mesmas, nos impede de sermos reconhecidas e, portanto, se torna parte do quadro. Talvez a dificuldade esteja em se apropriar de qualidades e feitos, porque nos tornamos efetivas do chamado *deflect*: não tomar para si aquilo que já é seu e devolver ao outro quando alguém nota. Por exemplo: quantas vezes alguém elogiou um trabalho seu e você saiu pela tangente, trazendo as partes ruins do projeto ou dando os créditos todos para a equipe? Faz parte desse quadro antigo em que o ideal era sermos invisíveis.

Aliás, temos tarefas invisíveis há séculos. Quer ficar chocada? Segundo o jornal *New York Times*, se recebêssemos um salário mínimo, considerando o dólar norte-americano, o trabalho doméstico não pago seria um mercado trilionário — no qual trabalhamos 60% mais do que os homens. Mulheres ao redor do mundo receberiam 10,9 trilhões de dólares pelas tarefas domésticas. É mais do que o rendimento das cinquenta maiores empresas do mundo juntas. É muito dinheiro. Mas talvez você não tenha pensado em monetizar o tempo que passa cuidando das crianças ou fazendo almoço.

Essa expectativa coletiva sobre o feminino — de que devemos ser modestas, gratas e comportadas — deixa marcas em todos os campos de nossas vidas. Felizmente, o cenário parece estar mudando. Muitas mulheres têm questionado o sexismo no ambiente de trabalho, na vida e nos relacionamentos. As novas gerações estão crescendo com ideias novas sobre gênero, raça e sexualidade. Temos espaço para muitas mudanças.

OS MEDOS MASCULINOS PAUTAM O MUNDO

Homens têm um medo intrínseco de não cumprir com o que se espera deles e falhar. Esperava-se que eles trabalhassem, caçassem, desde tempos remotos. A falha de um homem representava fome e morte para uma tribo. Eles eram os homens da casa, chefes de família.

Os tempos mudaram muito, mas essa ideia continua existindo no imaginário masculino. Existe um medo enorme de não serem bons o suficiente. Nós também temos esse medo, mas por outros motivos. Porém, é importante entender que os medos masculinos pautam a forma do mundo. A busca por relevância, sustento e sobrevivência molda a maneira que enxergamos a realidade, e isso tem impacto direto em como vivemos e em quem comanda as peças do jogo.

De acordo com o artigo "Men Adrift", publicado em 28 de maio de 2015 no site da *The Economist*, e dados da revista *Forbes*, 92% dos presidentes e primeiros-ministros do mundo são homens e 97,6% dos bilionários que chegaram a esse patamar sozinhos são homens. Além disso, eles são maioria esmagadora entre os cargos C-Level das quinhentas maiores empresas do mundo: 95,2% dos CEOs são homens e 91,4% dos donos de grandes bancos ao redor do mundo são... Isso mesmo, você adivinhou: homens.

Eles criaram o jogo e continuam jogando como sempre fizeram. Competitividade, relevância e permanência são prioridades masculinas. Agora, vamos fazer um exercício de imaginação: imagine se esses homens que mandam no mundo tivessem mais empatia. Imagine se sentissem mais a dor do outro. Imagine se fossem encorajados a usar seus polos femininos e acolhessem, mais que lucrassem. Nosso mundo seria *completamente* diferente.

Existem muitas iniciativas voltadas à inclusão e colaboração entre lideranças diversas. Há mais inclusão das mulheres nos espaços corporativos e mais homens no espaço doméstico. Há mais naturalização da presença de um e do outro nesses lugares, mas ainda temos muito a aprender. Existe, sim, muita amargura envolvida. Em cada lado, existe depreciação em vez de apreciação. Isso cria abismos terríveis entre os gêneros. Não conseguimos trazer os homens para a conversa porque temos muita raiva do machismo, do qual todos nós somos vítimas.

Mas só conseguimos admirar e apreciar o melhor do outro quando admiramos a nós mesmas. Quando não nos sentimos tolhidas, machucadas ou presas a uma forma de trabalhar. Na maioria dos espaços corporativos, não temos a chance de deixar as ideias fluírem de forma horizontal e orgânica; somos organizadas em hierarquias, avaliadas por desempenho e resultados mensuráveis, como os homens desejam.

Tenho dois filhos, Olivia e Benjamin, e essa história aconteceu quando eles eram pequenos. Uma noite, Olívia já tinha ido dormir e Ben foi buscar um copo de água. Sugeri que ele pegasse um copo para a irmã também e ele ficou emburrado! Disse que ela era folgada e não ia levar. Insisti um pouquinho e ele concordou em trazer a água. Pegou um copo grande, encheu de água de coco (que capricho!) e se preparou para levar. Só que, nesse tempo, Olívia se levantou e encontrou Ben no corredor. Ela pegou o copo da mão dele e disse: "Finalmente você fez algo de útil, Benjamin!" Fiquei chateada com a situação (poxa, bem na minha casa?!) e respondi: "Filha, ele foi lá e pegou um copo de água para você. Você gostou?" Ela respondeu, toda contrariada: "É, gostei." Então, pedi que ela o elogiasse por isso. Ela respondeu, toda chorosa: "Benjamin, gostei muito de você ter pegado um copo de água para mim." Ele disse no mesmo tom: "E eu gostei que você reconheceu isso!" Ah, foi lindo, e vou contar: Benjamin ficou muito mais gentil com a irmã depois desse dia. Ele se sentiu empoderado, reconhecido e sem perder a essência de quem ele é.

Parece tão fácil enxergar essa dinâmica em crianças, não é? E por que precisa ser complicado quando falamos de adultos? Quando a energia feminina e a masculina trabalham em conjunto e são igualmente validadas, o mundo muda. Crescemos com autoestima, com força. Com o tempo, percebemos que nosso lugar é, de fato, onde queremos estar. Sim, vai exigir muito trabalho e dedicação, mas não vamos pedir desculpas por estar ali. Não teremos tantos tetos de vidro para perfurar, sejam eles internos ou externos. Vamos estar fortes o suficiente para cuidarmos uns dos outros.

PRECISAMOS DE MAIS FEMININO NESTE MUNDO TÃO MASCULINO

Meus pais tinham expectativas bem diferentes em relação a mim quando minha mãe estava grávida. Os planos eram outros. Era para eu ter me chamado Ricardo. Bem, nasceu a Karinna, e mesmo assim fui criada como um menino. De certa forma, isso se tornou a tônica da minha vida por muito tempo. Até meus 20 anos, as pessoas me perguntavam a toda hora se eu era homem ou mulher. E, por muito tempo, isso até que foi conveniente. É muito mais seguro ser menino neste mundo, e mais confortável. A masculinidade protege os homens de muitas coisas.

O processo pelo qual passei para me autorizar a ser mulher e feminina é muito recente. Foi um momento transformador da minha vida, de proporções gigantescas. Ser mulher foi um trabalho construído, praticado e com base em muita pesquisa. Eu, literalmente, fui estudar o que é ser mulher neste mundo feito para homens. Como contraponto, também estudei os homens, e isso expandiu minha mente.

É impossível documentar tudo o que aprendi, e ainda estou aprendendo, mas vou me concentrar nas partes que mais ajudam a entender as diferenças nos pontos de vista associados ao feminino e ao masculino, com foco no mundo corporativo. Para isso, no entanto, precisamos falar de nós mesmas, mulheres, e falar de coração aberto.

Na última década, as mulheres conquistaram muito mais espaço no ambiente corporativo. Usamos nossa energia para brigar pelos direitos que deveríamos ter há séculos, mas acredito, de verdade, que ainda somos muito pautadas pelo olhar machista, que exige que sejamos iguais aos homens para sermos bem-sucedidas nas empresas.

Um artigo do jornal britânico *The Guardian* conta a história da palavra *badass* em artigo de Hermione Hoby. Esse termo, usado lá fora para definir mulheres fortes e poderosas, tem uma origem interessante. Nos anos 1950, *badass* era uma gíria pejorativa, uma forma de descrever alguém briguento, que faz bullying. Também era uma forma de ironia, para zombar de alguém que, na verdade, era fraco ou desajeitado. De 2015 em diante, *badass* se reinventou e virou uma sensação: o termo estava em todo lugar, especialmente para descrever mulheres empoderadas, como Beyoncé e Madonna. Usado de forma impensada, ele foi se misturando aos termos que retratam o comportamento feminino ideal.

Porém, pouca gente parou para questionar qual era, afinal, esse comportamento, até esse artigo em que a escritora Ann Friedman matou a charada. Ser *badass* — durona, forte e impermeável à crítica alheia — também significava ser masculinizada. Em tradução livre: "Da forma como é comumente usada, *badass* significa dureza e insensibilidade. É raro olhar para alguém cujas qualidades sejam medidas pelo raciocínio profundo ou pela abertura emocional e dizer que essa pessoa é totalmente *badass*." Não é um problema mulheres exercitarem seu lado "durão" e conquistarem coisas legais. Começa a ser um problema quando toda a experiência feminina passa a ser validada pela energia masculina, e essas conquistas só apareçam quando a gente se transforma em homens. Mas, afinal, o que são energia masculina e energia feminina?

Citando novamente *A jornada da heroína*, Maureen Murdock faz um paralelo entre os objetivos das energias masculinas e femininas. Destaco aqui um trecho que me parece traduzir bem essa ideia: "O princípio do masculino é ser perfeito e o do feminino é ser completo. Se você é perfeito, não pode ser completo, pois deixou as imperfeições de lado; se você é completo, não pode ser perfeito, porque sua natureza contém o bem e o mal."

Quem nunca desejou estar completa, pronta para a vida? Atire a primeira pedra quem nunca pensou que, depois de um treinamento, um intercâmbio ou até de aprender um idioma, se sentiria realizada, enfim merecedora do cargo que ocupa? Com isso, Murdock acaba nos dizendo duas coisas interessantes. A primeira é que os princípios de cada energia, masculina e feminina, são antagônicos. O ideal masculino nega o feminino e vice-versa. Mas há um ponto mais importante aí, algo não dito: esses princípios são impossíveis de atingir. Nós já temos o feminino e o masculino dentro de nós. Não precisamos escolher um único caminho.

Isso é o que Murdock chama de *hieros gamos*, o casamento entre os arquétipos masculino e feminino. O ideal é encontrar integração dentro de nós, casando as melhores partes de cada energia. E isso é o que eu digo para as minhas clientes também. Trazer mais do feminino para as corporações amplia as possibilidades para todos. O espaço de trabalho precisa ser mais diverso em sua essência. Isso só pode acontecer se deixarmos de lado o modo exclusivamente masculino de trabalhar.

CAPÍTULO 3

A ORIGEM DOS TETOS DE VIDRO

Existem alguns fatores que impedem o crescimento das mulheres no mundo corporativo que se que retroalimentam e influenciam a sociedade como um todo, mas se replicam dentro do ambiente empresarial no que se refere a expectativas sobre as mulheres, de modo geral e individualmente. Há também aspectos corporativos referentes às culturas particulares de cada empresa, mais ou menos machistas e misóginas, mais ou menos adeptas a práticas de inclusão de minorias em suas rotinas.

Na realidade, no entanto, esses fatores nos mostram quanto a vivência das mulheres nas organizações é fruto de um ambiente forjado por homens e, principalmente, para homens. Vamos ver como cada um desses fatores originam os tetos de vidro que hoje são experimentados no cotidiano do trabalho por mulheres no mundo todo.

As mulheres na sociedade, historicamente, sempre foram vistas como mães, esposas, namoradas, filhas, ou seja, seu papel sempre foi *relativo* aos homens de alguma forma nessa civilização milenarmente patriarcal, cuja construção é centrada nos homens. De modo consciente ou não, as mulheres são criadas para ser amadas, não admiradas. Embora esse cenário esteja mudando, ainda herdamos muita bagagem desse tipo de pensamento e dessa estrutura arraigada há tantos milênios.

A ORIGEM DOS TETOS DE VIDRO

Os tetos de vidro refletem normas sociais, preconceitos de gênero e estruturas organizacionais que perpetuam a desigualdade de gênero. Alguns fatores contribuem para a retroalimentação de suas causas.

- **Estereótipos de gênero**: Normas culturais e sociais moldam estereótipos sobre os papéis e as características de homens e mulheres. Muitas vezes, os líderes são associados a traços tradicionalmente masculinos, como assertividade e agressividade, enquanto traços femininos, como empatia e colaboração, são subestimados em posições de liderança.

- **Preconceitos inconscientes**: As pessoas podem ter preconceitos de gênero inconscientes que afetam suas decisões. Isso pode resultar em promoções e oportunidades sendo concedidas de forma desigual com base em preconceitos que os indivíduos nem mesmo percebem que possuem.

- **Expectativas socioculturais**: A sociedade muitas vezes espera que as mulheres desempenhem papéis de cuidadoras da família, o que pode limitar as oportunidades de elas se dedicarem integralmente ao trabalho e assumir cargos de liderança que podem exigir mais tempo e disponibilidade.

- **Falta de representação**: A ausência de mulheres em posições de liderança pode criar um ciclo de falta de representação. Quando não há exemplos visíveis de mulheres em cargos de destaque, isso pode desencorajar outras mulheres a buscar posições semelhantes.

- **Divisão desigual do trabalho doméstico**: A responsabilidade pelo trabalho doméstico e pelos cuidados com a família muitas vezes recai sobre as mulheres. Essa desigualdade pode afetar o tempo e a energia disponíveis para o trabalho e o desenvolvimento profissional.

- **Viés de gênero na avaliação de competências**: Os critérios usados para avaliar a competência muitas vezes refletem normas de gênero. Os homens podem ser avaliados mais positivamente por traços considerados inerentes à liderança, enquanto as mulheres podem ser subavaliadas.

- **Cultura organizacional e estruturas hierárquicas**: Muitas empresas possuem culturas e estruturas que favorecem normas de gênero tradicionais. Essas culturas podem perpetuar a desigualdade e criar barreiras para o progresso das mulheres.

- **Falta de oportunidades de desenvolvimento e mentoria**: Se as oportunidades de aprendizado, desenvolvimento e mentoria não são igualmente acessíveis às mulheres, isso pode limitar habilidades e preparação para cargos de liderança.

- **Recrutamento viciado**: Processos de recrutamento que favorecem a contratação de pessoas que se encaixam nos padrões tradicionais de liderança podem excluir mulheres que possam trazer perspectivas diferentes para a organização.

    O teto corporativo, que precisa ser quebrado para que as mulheres subam nas carreiras, é originado pelo jogo corporativo invisível e inerente. Definitivamente não construído para mulheres, suas regras tácitas e obscuras permanecem, muitas vezes, herméticas, acentuando o isolamento delas. Como crescemos com a expectativa de sermos belas e gentis, achamos terrível ter que participar politicamente da vida da empresa. Ter que usar de estratagemas políticos e de estratégias não costumeiras em relacionamentos para conseguir objetivos é algo complicado para alguém que até então vinha sendo reconhecida apenas pelas tarefas muito bem cumpridas.

Desse modo, perfeccionismo, dificuldade em delegar tarefas, medo de compartilhar dores e inseguranças com outras mulheres, tudo isso vai sendo construído ao longo da vida das mulheres para que elas se mantenham sempre nos mesmos espaços.

A MULHER TINHA QUE ESTAR NO LAR

Podemos encontrar ótimos exemplos de mulheres em todos os campos do conhecimento hoje em dia, mas durante a maior parte da história da humanidade, a mulher pertencia ao espaço doméstico e familiar. Não tínhamos direito a andar em público, trabalhar ou fazer qualquer coisa desacompanhadas de nossos pais ou maridos. A função da mulher na sociedade sempre foi cuidar da casa, prover filhos, preparar refeições.

A partir dos séculos XVIII e XIX, esse cenário começou a mudar. Muitas mulheres lutaram pelo direito de votar e cursar faculdade. No Brasil, por exemplo, tivemos Nísia Floresta, uma ativista potente pelos direitos das mulheres, que escreveu sua primeira obra sobre o assunto, *Direitos das mulheres e injustiça dos homens,* com apenas 22 anos.

Ao longo do século XX, fomos ocupando o mercado. As duas grandes guerras mundiais nos levaram a hospitais, escolas e fábricas como força de trabalho. Quando a Segunda Guerra acabou, os homens que sobreviveram voltaram para casa e a manutenção das mulheres nos seus ofícios ficou em crise. E agora, o que faremos? Para onde vai a mulher? Muita gente tentou responder a essa pergunta. Na época, o consenso era que as mulheres deveriam retornar ao lar e permanecer nele, construindo novas famílias para compensar as baixas das guerras.

ANATOMIA É DESTINO

De acordo com uma linha de pensamento que ficou muito popular na época, Freud dizia que "anatomia é destino". Seguindo essa lógica, era natural acreditar que mulheres deveriam encontrar alegria na vida familiar. Mas como fazer isso, depois de experimentarmos o gostinho de ter uma carreira fora de casa e novos propósitos para a vida? Como fazer com que mulheres voltassem a se contentar com a vida exclusivamente doméstica?

A solução foi tornar a vida no lar desafiadora. Séries, livros e revistas foram desenvolvidos para convencer as mulheres de que criar uma família era o maior desafio que elas poderiam encarar. Basta dar uma olhada nas propagandas voltadas para mulheres dos anos 1950 e 1960 no Brasil e no mundo. Além de sexistas, as peças publicitárias destinadas ao público feminino se voltavam para a imagem da dona de casa feliz e bem-sucedida, sempre envolvida com um novo produto complexo que prometia milagres domésticos. Nessa mesma época, surgiu também um pensamento muito nocivo para as mulheres até hoje: perseguir uma carreira, seja ela científica, artística ou corporativa, era "pouco feminino".

A maioria das mulheres recebeu (e ainda recebe em muitos lugares) uma educação baseada nesse tal comportamento "feminino". Quando somos crianças, a família exige que sejamos discretas, modestas e bem-comportadas. Uma mulher ambiciosa não é bem-vista: é considerada agressiva e perigosa. Não podemos ser firmes, inteligentes ou confiantes. Precisamos ser passivas, graciosas e amáveis para a sociedade e para o homem.

Claro que essa expectativa dura sobre o comportamento feminino deixou muitas mulheres doentes. Na metade do século XX, o debate sobre saúde mental não era disseminado e complexo como hoje. O patriarcado, a partir da propaganda e do consumo, arranjava todo tipo de solução mágica para a infelicidade crônica que muitas donas de casa sentiam. Faltavam dados e pesquisas verdadeiras sobre a angústia feminina no pós-guerra.

Assim chegamos a Betty Friedan, autora de *A mística feminina* e editora de revistas para mulheres, que investigou profundamente as dores das leitoras. Ela levou um susto quando percebeu que perguntar sobre trabalho era um tabu: palavras como "emancipação" ou "carreira" soavam estranhas e constrangedoras; fazia anos que ninguém as usava. Foi só a partir dos anos 1970 que as mulheres voltaram a ser naturalizadas no mercado de trabalho, questionando espaços construídos para o crescimento masculino.

Pode parecer que tudo isso foi há muito tempo, mas a imagem da mulher doméstica perfeita do pós-guerra não desapareceu completamente. Esse pensamento deixa marcas que nos influenciam até hoje, inclusive no mundo corporativo. Nós, mulheres, avaliamos o sucesso a partir dos laços que construímos na empresa. Já os homens são avaliados pela competência em conquistar dinheiro, poder e sucesso. Isso não é só corporativo, é cultural, global.

Olhe para os atores de filmes e séries: quantos homens ali nem sequer são bonitos, mas ficam "charmosos" por serem ricos e poderosos? Em comparação, quantas mulheres não são lindas e bem-arrumadas? Os padrões de beleza sempre mudam, mas, na nossa cultura, espera-se que mulheres sejam belas, perfeitas e, eventualmente, maternais, ainda que sejam raras as empresas que valorizem de verdade as funcionárias com filhos.

Para os homens, ser ambicioso é o esperado, um símbolo de poder e controle. Já a mulher ambiciosa é vista como uma vampira, uma megera ardilosa, capaz das piores atitudes para conseguir o que quer. O homem que fala grosso e bate na mesa é visto como assertivo, um chefe que impõe respeito. Já a mulher assertiva é vista como descontrolada, ríspida, desagradável.

Essa inadequação nos deixa doentes, inseguras e, mais que tudo, solitárias. Em vez de ficarmos felizes com mais mulheres na liderança, somos ensinadas a ter medo e raiva da competição. Internalizamos tanto a escassez de mulheres no espaço executivo, que elas representam uma ameaça a quem já está lá. É quase como se aceitássemos que só pode haver uma ou duas de nós nesses espaços limitados de poder.

REGRAS NÃO DITAS

Existe um ponto muito importante, que tem a ver com a estrutura inerente das empresas e como elas funcionam. Esse é um jogo, como já mencionei, criado por e para homens. Empresas não foram feitas para mulheres. Tudo no ambiente corporativo, da base ao conselho, não foi pensado para nós. Os homens estão muito mais à vontade com suas regras não ditas de competição, enfraquecimento de oponentes e de autopromoção. É um ambiente confortável para a expressão da "forma masculina de agir e se manifestar", competitiva, viril, cheia de testosterona, com comando, controle, centros de poder, hierarquia vertical, porém desconfortável e antinatural para a "forma feminina de atuar e se expressar", cooperativa, agregadora, comunitária, horizontal, descentralizada, cheia de estrógeno, escuta, empatia e acolhimento.

Ao longo da história, o que vemos, desde as organizações de escribas, os centros de debate gregos, até as primeiras fábricas: tudo funcionava na base de controle e poder. Quem detém o poder e, mais que isso, quem *demonstra* poder, ganha o respeito. É assim que organizações funcionam desde sempre, e há um motivo para isso: em geral, são espaços predominantemente masculinos. Não é à toa que os homens são os principais criadores dos tetos corporativos, mesmo que não se deem conta. Por serem maioria dentro de diretorias, conselhos e gerências, é comum que estabeleçam as regras do jogo da empresa.

Mas há outra pegadinha aí: as relações entre homens são sólidas, estratégicas e acabam construindo uma cultura paralela na empresa. Por mais que existam políticas de diversidade e inclusão de mulheres, é a palavra final deles que conta. Em uma pesquisa do Boston Consulting Group de janeiro de 2009 sobre diversidade e inclusão, "enquanto 98% dos funcionários dizem que suas empresas possuem programas de diversidade de gênero, apenas um quarto deles sentem que se beneficiaram pessoalmente de alguma dessas iniciativas". Um exemplo pode deixar mais claro. Digamos que você comece a trabalhar em uma empresa que prega a inclusão de mães no ambiente de trabalho. Por todos os lados, o pessoal do RH espalha cartazes com mensagens de incentivo. Em maio, as mães que trabalham na empresa ganham presentes especiais. É uma delícia, né? Pena que o chefe de uma área importante da empresa não contrata mulheres com filhos pequenos. Ele não fala abertamente sobre isso, mas todo mundo sabe porque a fofoca rola solta nos corredores. Alguns dos colegas dele, também na gerência e diretoria, concordam em silêncio com esse posicionamento. E nada acontece.

É no dia a dia com a chefia direta, e não nos cartazes, que enxergamos a realidade da companhia. Os valores empresariais declarados podem ser maravilhosos, mas se o(a) gestor(a) não os executa, são apenas palavras vazias. Se existe liderança incoerente com os valores da empresa, de quase nada vai valer o que está escrito. Além disso, os "caras" não sentem na pele as dificuldades das mulheres e de outros públicos minoritários, e não costumam ter empatia suficiente para desenvolver um ambiente de crescimento diverso.

Reconhecemos que existe um vazio, um hiato fundamental que mina até as melhores intenções do RH ou da área de diversidade e inclusão. No fim das contas, a empresa só se torna mais diversa se alguns poucos líderes quiserem que isso aconteça. Mudanças humanas, porém, são lentas. Homens em situação de privilégio, por exemplo, não têm pressa alguma em mudar o *status quo*. Afinal, manter tudo como está é conveniente para quem se estabilizou na carreira. É por isso que a presença de mais mulheres no alto escalão é estratégica e extremamente importante.

CAPÍTULO 4

COMO QUEBRAR O TETO DE VIDRO: O MÉTODO EMPODERA

Todos os fatores expostos até aqui — autonomia, visibilidade, reputação e construção da relevância no jogo político dentro da empresa — são um norte, aquilo que queremos conquistar. Mas *como* se constroem visibilidade, reputação e relevância? Afinal, mulheres não são treinadas para esse jogo. Estamos aprendendo as regras enquanto os outros movem peças no tabuleiro. E agora?

Exercício: Cuidar de si primeiro, para cuidar do mundo depois

Talvez você tenha passado por outras dores, outras perdas. Talvez tenha uma história sobre não se sentir querida ou suficiente. O que importa é que esses acontecimentos individuais, assim como o machismo estrutural, também deixam marcas profundas. Se não estamos atentas, essas marcas nos destroem.

Recomendo fortemente olhar para dentro de si mesma e ir atrás do que ainda a prende ao chão. Quero muito que você descubra o que a impede de voar, de planar com paz e autoamor. Sem isso, tudo neste livro vai ser só papo-furado.

Acredito na possibilidade de nos libertarmos para ser quem somos, aceitando nossas imperfeições e prosseguindo ainda assim. Crescer na carreira e na vida sendo mulher, não apesar de ser mulher.

Essa é a oportunidade que vejo toda vez que recebo uma cliente: quando ela avança na carreira, ela se valida, mesmo não sendo perfeita. Ela cresce e vê resultados de seu trabalho sendo reconhecidos, oportunidades e portas se abrindo. A autoestima floresce e as dúvidas vão ficando para trás. É lindo.

Quando as mulheres se curam das feridas do passado, conseguem estabelecer diálogo e acolhimento com os homens. Podemos trazê-los para mais perto, fazê-los questionar certas práticas e negociar de igual para igual as condições do mundo em que queremos viver.

Tudo isso começa com a autoapreciação.

Quero propor aqui um exercício: durante trinta dias, um mês inteiro, você vai olhar para si mesma e encontrar coisas das quais se orgulha. Dê uma olhada na tabela abaixo e faça tudo que estiver na primeira coluna. Evite fazer tudo que está na segunda coluna. Depois, me mande uma mensagem (Instagram: @karinnaforlenza) contando como foi a experiência.

Durante trinta dias, eu vou...	Durante trinta dias, eu não vou...
Me apreciar.	Me depreciar.
Acolher (a mim e ao outro).	Apontar o que não foi feito ou não foi feito como eu queria.
Reconhecer o que foi feito.	Fazer algo por alguém.
Confiar (em mim e no outro).	Reclamar.
Me elogiar mais.	Falar de forma ácida com o outro.
Admirar minhas qualidades.	Apontar meus defeitos.

Para ganhar o jogo, precisamos jogá-lo. Só podemos ser vencedoras, crescendo na empresa e trazendo outras mulheres para o mesmo time, quando aprendemos as estratégias. "Estratégia" é um termo militar, que se refere aos comandos de um general. Em suas raízes etimológicas, significa literalmente "se espalhar". A essência do pensamento estratégico é estar em todo lugar.

É exatamente essa a ideia do Método EMPODERA: ensinar você a se espalhar e ser vista no ambiente de trabalho, a saber promover, de forma íntegra e autêntica, o seu trabalho. Ter visibilidade sem perder a entrega é o nó que, de fato, precisa ser desfeito. Para isso, você tem que começar a perder o medo do jogo corporativo. E, para perder o medo, deve encará-lo como uma nova habilidade que precisa aprender para, de forma prática, conquistar seus objetivos.

Vou dar um exemplo real. Quando foi eleito, o ex-presidente dos Estados Unidos, Barack Obama, construiu ao seu redor a administração mais diversa da história da política norte-americana, em termos de raça, gênero e sexualidade até então. Ainda assim, havia problemas: mulheres compunham um terço da bancada e tinham que lutar com unhas e dentes para ser ouvidas.

Foi então que, juntas, desenvolveram um sistema para se tornarem coletivamente mais fortes dentro da Casa Branca: a *amplificação*. Como explica Juliet Eilperin, em um artigo para o *Washington Post*: "Quando uma mulher fazia uma contribuição importante, outras mulheres repetiam a ideia, creditando a autora. Isso forçava os homens na sala a reconhecerem a importância daquela fala — e evitava roubo de ideias." Obama não apenas percebeu a iniciativa como passou a ouvir mais as mulheres de seu time.

Dito e feito: em sua segunda gestão, Obama tinha em seu círculo de assistentes um número equilibrado de homens e mulheres.

Essa história é muito interessante por dois motivos. Primeiro, ela nos mostra que mesmo os times mais bem-intencionados (Obama foi o primeiro presidente dos Estados Unidos a se dizer feminista) cometem deslizes e têm vieses. É bom saber que chefes e colegas homens não são, necessariamente, porcos chauvinistas. Muitos deles querem ser aliados, mas não conseguem ou não sabem como.

O que nos leva ao segundo ponto bacana nessa história: a união, de fato, faz a força. Quando as mulheres da gestão Obama se organizaram e se apoiaram, conseguiram ser ouvidas e conquistaram um lugar mais alto coletivamente. Não houve truculência nem sujeira de nenhum tipo. Elas apenas se organizaram para que pudessem ter mais voz dentro do espaço de trabalho, ampliando as vozes umas das outras até que não pudessem ser ignoradas.

Isso é jogo político. Organizado, bem-feito e realizado às claras. Aquelas mulheres já estavam lá; já tinham ralado muito para conseguir um espaço dentro da Casa Branca. Mas foi a amplificação que as tornou visíveis. É isso que eu quero para você. Quando você cresce, eu cresço. Quando aprendemos juntas, conquistamos juntas.

O MÉTODO EMPODERA

De certa forma, as pirâmides hierárquicas modernas, que representam o tabuleiro do jogo corporativo, eternizam algumas ideias sobre poder. Enquanto as pirâmides egípcias tornaram seus faraós imortais, as pirâmides corporativas eternizam formas de trabalhar.

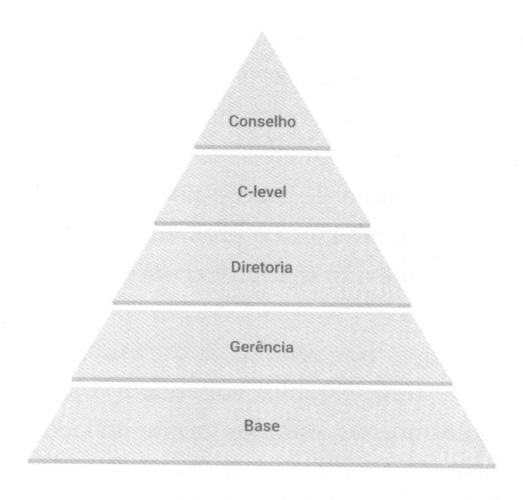

Pirâmide:
- Conselho
- C-level
- Diretoria
- Gerência
- Base

A essência da trajetória da base ao topo é a competição. Ao observarmos a forma, vemos o conteúdo: há poucos no topo, o que pressupõe que muitos serão derrubados no caminho até lá. Um controlando muitos — ou poucos controlando muitos — é o ideal do poder masculino, e só os machos alfa conseguem se colocar nas posições mais acima.

Não é de se espantar, portanto, que esse sistema seja tão difícil para as mulheres. Até porque a essência do relacionamento feminino não é a competição, e sim a cooperação, que tem raízes ancestrais.

Em *Da fera à loira*, Marina Warner nos conta que as mulheres, em sociedades ocidentais antigas, como Atenas e Roma, raramente saíam de casa. Os espaços sociais não eram feitos para nós e, por isso, sabíamos muito pouco sobre o que estava acontecendo no mundo.

A alternativa, então, era criar uma rede de comunicação exclusivamente feminina. Mulheres mais velhas dividiam conhecimento com garotas mais jovens, que compartilhavam esse aprendizado com suas amigas e irmãs. Há milênios, somos encorajadas a dividir nossas angústias, vitórias e emoções com outras mulheres como forma de sobrevivência em um mundo hostil.

Mas como o mundo corporativo joga com regras do "clube do bolinha", quando queremos subir na pirâmide, deixamos nossa essência feminina de lado e nos jogamos de cabeça no jogo dos caras. Aí é que mora o problema: mulheres divididas, que não conversam e não trocam experiências, são mais fáceis de controlar.

Ainda bem que, nos últimos anos, estamos retornando a essas raízes ancestrais. Estamos voltando a compartilhar recursos, afetos e informações; estamos formando laços e nos unindo para irmos juntas até o topo. Só assim podemos nos infiltrar no sistema e torná-lo amigável para mulheres.

Para mapear o mundo corporativo, precisamos inverter o tabuleiro. Agora, em vez de uma pirâmide que reduz o topo a poucos, ela se parece mais com um cálice, um espaço para absorver, incluir, preencher com novas ideias.

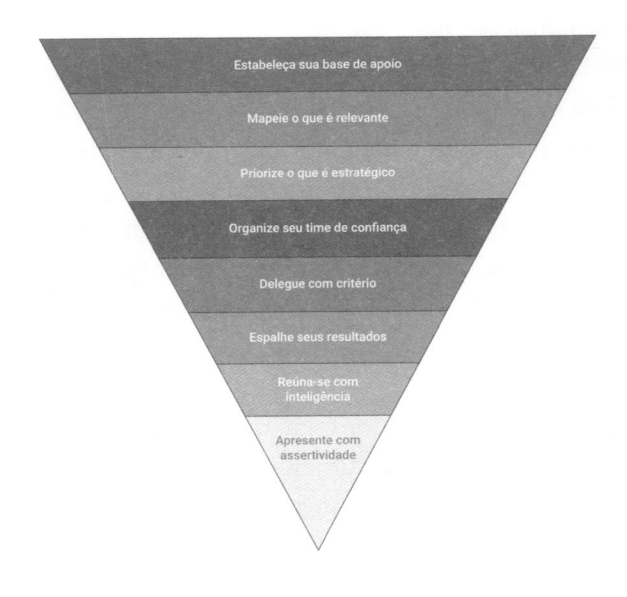

- Estabeleça sua base de apoio
- Mapeie o que é relevante
- Priorize o que é estratégico
- Organize seu time de confiança
- Delegue com critério
- Espalhe seus resultados
- Reúna-se com inteligência
- Apresente com assertividade

As casas desse novo tabuleiro são os oito passos do Método EMPODERA, um guia que desenvolvi ao longo dos últimos anos para transformar a vida de mulheres em cargos de liderança de grandes empresas. Cada um desses passos foi delineado a partir de minha experiência como mentora e também como profissional (incluindo acertos e erros), dos feedbacks que recebi como palestrante de mulheres que assistiram a minhas aulas e workshops e das mais de 250 entrevistas com mulheres na liderança de grandes empresas em cinco países que fiz pessoal e exclusivamente para este livro.

EMPODERA significa:
Estabeleça sua base de apoio.
Mapeie o que é relevante.
Priorize o que é estratégico.
Organize seu time de confiança.
Delegue com critério.
Espalhe seus resultados.
Reúna-se com inteligência.
Apresente com assertividade.

Antes de mais nada, quero convidar você a fazer o próximo exercício para que possa utilizar este livro como uma ferramenta de avanço. A primeira coisa é entender onde você está, para depois estabelecer para onde quer ir. É hora de se perguntar: quais são os seus objetivos? O que a trouxe até aqui, até este livro? Fiz uma pequena lista de possibilidades. Marque aquela(s) que têm mais a ver com você.

- ☐ Aprender a se mostrar sem ser arrogante.
- ☐ Aprender a ser vista por quem de fato importa para seu crescimento.
- ☐ Saber como lidar com sua equipe.
- ☐ Parar de ser tão "boazinha".
- ☐ Ter mais visibilidade.
- ☐ Saber colocar limites.
- ☐ Saber finalizar melhor seu trabalho e seus resultados.
- ☐ Aprender a se colocar de forma relevante em reuniões.
- ☐ Ser reconhecida com promoção e aumento, não com promessas e palavras bonitas.
- ☐ Fazer apresentações que mobilizem resultados.
- ☐ Aprender a reconhecer quem são as pessoas relevantes para sua carreira e seus projetos.
- ☐ Construir uma rede de apoio.
- ☐ Outra (quais as suas prioridades?).

Quantas delas você marcou? Quais sente que mais "atrapalham" seu desenvolvimento?

A partir daí, você vai organizar essas prioridades em uma tabelinha. No primeiro item, liste aqueles que você considera mais importantes para evoluir, como no esquema a seguir.

Prioridade	Minha nota hoje	Justificativa (por que me dei essa nota?)	Implicações (qual o impacto em minha vida profissional hoje?)
Construir uma rede de apoio			
Aprender a ser vista por quem de fato importa para seu crescimento			
Parar de ser tão "boazinha"			

Agora, atribua uma nota de zero a dez. Zero, se você é uma completa negação no assunto, ou dez, se já o domina por completo. Assim, por exemplo:

Prioridade	Minha nota hoje	Justificativa	Implicações
Construir uma rede de apoio	4		
Aprender a ser vista por quem de fato importa para seu crescimento	2		
Parar de ser tão "boazinha"	5		

Em seguida, justifique essa nota:

Prioridade	Minha nota hoje	Justificativa	Implicações
Construir uma rede de apoio	4	Eu só tenho amigos dentro da empresa e não busco apoio entre pares ou superiores.	
Aprender a ser vista por quem de fato importa para seu crescimento	2	As pessoas não sabem o que eu faço.	
Parar de ser tão "boazinha"	5	Eu não sei dizer não.	

Agora, descreva o impacto desse status na sua vida profissional, como no exemplo abaixo:

Prioridade	Minha nota hoje	Justificativa	Implicações
Construir uma rede de apoio	4	Eu só tenho amigos dentro da empresa e não busco apoio entre pares ou superiores.	Minha nota de avaliação anual é mediana, uma vez que os diretores não me valorizam.

Aprender a ser vista por quem de fato importa para seu crescimento	2	As pessoas não sabem o que eu faço.	Sou excluída de reuniões importantes e de decisões que têm a ver com meu trabalho.
Parar de ser tão "boazinha"	5	Eu não sei dizer não.	Tenho trabalhado muito, com pouco reconhecimento.

Agora, é sua vez. Preencha a tabela abaixo de acordo com as prioridades escolhidas por você.

Prioridade	Minha nota hoje	Justificativa	Implicações

Sugiro que você reflita sobre essas respostas, tomando cuidado para não se punir — algo bem comum por não sabermos o que precisava ser feito ou por nos sentirmos "imperfeitas". Evite. Você fez o melhor que podia, com tudo que tinha. Então vamos seguir e melhorar o que você já faz.

É importante encarar o que respondeu como parte do processo de ganhar consciência sobre o que não está mais funcionando. Só assim vai poder mudar o que precisa. Então, meu convite para você é que, a partir de agora, quando pensar sobre sua carreira, assuma um olhar estratégico. Se coloque como a pessoa que mexe nas peças do jogo, em vez de se sentir manipulada por interesses alheios. Procure se inspirar em aprender e em adquirir novas habilidades — como você faria com uma nova língua, por exemplo — e toque sua carreira com propriedade e autonomia.

Ao longo do livro, você vai encontrar muitos exercícios práticos para treinar essas novas habilidades, com o objetivo de capacitá-la para ser uma jogadora sagaz, que vê todo o tabuleiro e que sabe aonde quer chegar. Pronta para virar esse jogo?

CAPÍTULO 5

ESTABELEÇA SUA BASE DE APOIO

O primeiro passo no tabuleiro é se cercar de pessoas que podem ajudá-la a conquistar seus objetivos. Mas, curiosamente, a maioria de nós, mulheres, subestima o poder das redes de apoio para nossas carreiras. Como já falei aqui, a maioria esmagadora das minhas clientes ODEIA qualquer coisa que dê a sensação de que está se articulando politicamente. Elas acreditam que fazer alianças é algo restrito a jogadores maliciosos e, portanto, não sabem que uma base de suporte pode oferecer algo bom.

Outro efeito muito comum é acreditar, inspiradas pela pirâmide masculina de sucesso, que precisam vencer sozinhas ou, do contrário, não há valor no esforço para chegar lá.

Um exemplo: Marina foi chamada por um cliente para lidar com o lançamento de um produto da empresa. Ela teria que organizar tudo, ainda que isso não fosse o escopo de trabalho dela, já que era diretora de pesquisa e *consumer insights*, e não de comunicação ou eventos. Na hora, pensou: "Meu Deus, como vou dar conta disso sozinha?" Ela travou.

Quando conversamos, perguntei por que ela teria que dar conta de tudo sozinha. Minha cliente contou que havia uma área de comunicação institucional, mas que ficava na sede global da empresa e não responderia ao pedido. Além disso, o argumento dela foi de que o cliente havia solicitado a tarefa para ela, o que tornava aquilo sua responsabilidade.

Mas não era da competência dela.

Quando ela entendeu isso, tudo ficou óbvio. Ela mesma passou a se questionar. Por que estava tentando dar conta de algo que nem sequer era da sua área? O que fazia com que ela quisesse tanto agradar?

No fim das contas, deu tudo certo. Ela conseguiu contato com a área de comunicação, que agilizou todo o processo. Mas sabe qual é a melhor parte? Em geral, é o próprio cliente que organiza os eventos de lançamento da empresa, mas nesse caso aconteceu o contrário!

Esse é um bom exemplo para entender que não é preciso dar conta de tudo sozinha. Pelo contrário: quanto mais fortes as relações, mais fácil se torna o trabalho.

Se de um lado as mulheres raramente abrem espaço para construir relacionamentos "estratégicos", é muito comum que invistam em relações amistosas com pares, superiores ou, o que é mais frequente, com a equipe como um todo. São sim relações importantes, mas têm menos força do que uma base aliada completa, que a apoie de todos os lados.

==Ter uma base de apoio muda sua carreira para sempre.== Nem todo mundo precisa ser amigo, mas é muito bom ter com quem contar no dia a dia e, em particular, em momentos desafiadores.

Veja quantas vantagens você pode obter quando essas redes estão bem amarradas:

- Ampliar a qualidade e a quantidade de pessoas que falam bem de você no topo da pirâmide;
- Ter uma "colchão" de proteção contra sabotagens, roubos de ideias e *by passes*;

- Neutralizar fofocas e falas maldosas sobre você;
- Obter mais visibilidade entre os *stakeholders* mais seniores;
- Aumentar as chances de ter seu trabalho reconhecido nas esferas decisórias;
- Ter uma "banca de defesa" informal em comitês de sucessão e/ou promoção, além de apoio mais sólido em reuniões importantes;
- Ter mais chances de receber bons resultados em avaliações de performance;
- Ter mentores(as) mais experientes que falem *com* você, que encurtem caminhos e ajudem a ler as entrelinhas do sistema corporativo;
- Ter apoiadores que falem *por* você e ajudem a defender suas ideias, projetos e posicionamentos;
- Descobrir informações a seu respeito que estejam circulando nos corredores da empresa etc.

Quando *não* tentamos ativamente criar laços estratégicos, é comum nos sentirmos muito sozinhas e expostas às idas e vindas dos humores da corporação.

Converso bastante com minhas alunas e clientes sobre solidão. É mais comum do que você imagina essa sensação de que temos que dar conta de tudo sozinhas e que fazer o tal networking é perda de tempo ou um saco.

Isso explica muito sobre como as mulheres se sentem ao ser as únicas em um conselho ou diretoria. Denise Damiani, uma das fundadoras do grupo Mulheres do Brasil, foi por muito tempo essa pioneira: única mulher na sua classe da faculdade de engenharia, primeira sócia mulher na grande consultoria em que trabalhava e a primeira a criar um comitê para avanço de mulheres, entre outros feitos. Ela chama essa situação de "síndrome da primeira mulher": a profissional que está ali sozinha, entre diversos homens, tendo que se provar para mudar a imagem pouco diversa da empresa. É um lugar muito solitário.

Sarah Lacy, CEO da Chairman Mom, em um artigo para a *Business Insider*, em novembro de 2020, diz que esses sentimentos nascem da escassez. Não estamos acostumadas a ver mulheres no topo e achamos o tempo todo que isso será tirado de nós.

Ao contrário dos homens, que sobem na carreira também por conta de uma visão estratégica sobre as relações de poder e uma teórica "ajuda mútua" entre si, as mulheres acham que ascendem na hierarquia a partir de entregas, uma das maiores pegadinhas que existem no mundo corporativo. Falaremos mais sobre isso adiante.

Algumas de nós, lá no fundo, se sentem especiais por terem subido sozinhas, ou até tratam outras mulheres com desprezo e agressividade; de acordo com uma pesquisa do The Workplace Bullying Institute, publicada na revista *Forbes* em fevereiro de 2020, em 80% dos casos de bullying iniciados por mulheres no trabalho, a vítima é outra mulher.

Mas antes de julgar, segura a onda aí: a gerente que comemora vitórias solitárias ou constrange as colegas também é vítima de uma armadilha. Ficamos agressivas e mais masculinas para validar o lugar no topo. Deixamos de exercer o melhor de nós.

Isso acontece porque não aprendemos a formar laços mais duradouros e estratégicos com os colegas e, em especial, outras mulheres. Somos educadas para competir umas com as outras, quando podemos fazer muito mais juntas. Ter mulheres aliadas nos fortalece como grupo e como indivíduos, aumenta nossa autoestima, nossas ambições e serve de espelho para o que queremos e podemos ser — além de inspirar e dar confiança para as gerações futuras.

De acordo com uma pesquisa do King's College de Londres, de julho de 2020, a liderança política feminina é mais centrada em promover o bem-estar social, ainda mais porque passamos por mais situações de escassez e porque somos, em geral, responsáveis pelos cuidados domésticos e familiares. Além disso, "mulheres trazem estilos de liderança colaborativos e inclusivos para o ambiente político, que em geral é caracterizado como dividido e solitário".

Claro, é importante cuidar da posição individual na empresa. Mas quando criamos redes colaborativas de mulheres, o trabalho ganha perspectiva, leveza e sentido. Além de mais apoio.

E como a gente cria essas bases de apoio?

OS CINCO EIXOS FUNDAMENTAIS DA SUA REDE DE APOIO
Um bom começo é entender que existem cinco eixos que precisam estar funcionando ao seu redor: equipe, pares, superiores (inclusive os superiores dos seus chefes), *stakeholders* externos e mercado. Cada um deles tem um peso diferente e formas diferentes de se relacionar e criar relevância.

Eixo 1 – Equipe
Sua equipe deve ser seu braço direito na empresa, construída com base nas necessidades da empresa, mas também nos seus pontos cegos. Pois é, é isso mesmo. Sua equipe precisa ser genial onde você é menos eficiente. Essa é uma maneira contraintuitiva de montar uma equipe, só que bem mais potente. Dessa

maneira, a gente alavanca todo mundo: eles e você também. Essa forma de ver a equipe é tão importante que ganhou um espaço só para ela aqui no Método EMPODERA, então vamos conversar sobre isso mais para a frente.

Eixo 2 – Pares

São as pessoas que estão no mesmo nível hierárquico que você, que podem estar ou não abaixo do(a) mesmo(a) gestor(a). Eles podem influenciar seu trabalho e sua imagem diretamente. Em geral, cada um cuida do próprio feudo, mas os pares concorrem pela mesma atenção dos gestores. Não é incomum rolarem umas tentativas de chamar atenção e que haja uma disputa pelas mesmas promoções, projetos, aumentos e oportunidades. Afinal, existe um número limitado de vagas disponíveis até o topo — esse é o funcionamento do sistema piramidal. Por isso, podem ser grandes favorecedores ou grandes problemas na sua vida. É preciso estar atenta para coletar o máximo de apoio possível e neutralizar detratores.

Eixo 3 – Superiores

Já os superiores são seus gestores(as) diretos(as) e outros superiores, como o chefe do(a) seu(sua) chefe e os pares dele(a). São essas pessoas que precisam conhecer seu trabalho e ter consciência de tudo que você faz. Até aí, parece óbvio, mas, pelo que percebo na minha prática cotidiana, a gente não considera os pares de nossos superiores nem os superiores dos nossos superiores como parte fundamental do crescimento e da visibilidade. Então, dito isso, quem são os superiores, os gestores diretos e pares deles, e os superiores deles?

Uma das minhas clientes, Tábata, passou por uma situação bem complicada relacionada a isso. A empresa em que ela trabalhava como gerente diminuiu e moveu equipes, e ela, que naquele momento, era responsável por três produtos, passou a ser responsável por 19 produtos, sem aumento de equipe ou promoção. Além disso, ela estava sem diretor direto havia um ano, passando a responder diretamente para o presidente da companhia, que nunca tinha tempo para ela.

Antes que ela chegasse a um estado de *burnout*, optamos por uma estratégia para lhe dar mais visibilidade diante de diretores importantes, mas alocados em outras áreas, e do próprio presidente. Uma das diretoras, que foi estrategicamente abordada e sensibilizada pela situação, alertou o presidente e conseguiu um horário para que Tábata falasse diretamente com ele. Primeira vitória, graças ao poder dessa relação. Sem a intervenção dessa diretora, o encontro não teria ocorrido.

Organizamos a apresentação, preparamos o roteiro da reunião e nos 15 minutos concedidos pelo presidente, Tábata conseguiu não apenas apresentar o problema, como contar tudo o que conquistou neste ano sem chefe e sem equipe. Resultado: o presidente ficou muito impressionado e imediatamente sinalizou para o RH a necessidade imediata de um aumento e uma promoção. Além disso, ela poderia contratar dois gerentes para compor sua nova equipe. Ela voltou a cuidar de um portfólio menor de produtos (de 19 passou para seis), entre eles, o principal produto da empresa. Dali por diante, o presidente passou a elogiá-la em público, chamá-la pelo nome e incluí-la em outras reuniões estratégicas.

Percebe como líderes que não são seus chefes diretos podem influenciar na imagem dentro da empresa?

Eixo 4 – *Stakeholders* externos

Trata-se de um conjunto de pessoas que não fica dentro da empresa, mas que é de fundamental importância: clientes e fornecedores estratégicos com os quais você trabalha (e os superiores deles).

Agências de publicidade são exemplos bem claros desse tipo de relacionamento e validação. Minha cliente Olívia trabalhava em uma grande agência publicitária. O cliente não aprovava nenhuma das suas ideias, mas, quando o chefe dela apresentava os mesmos conceitos, recebia aprovação. A relação entre Olívia e o cliente chegou a um ponto de tensão que pediram a sua demissão. Não ignore a importância que fornecedores e clientes têm para formar opiniões externas sobre você.

Eixo 5 – Mercado

Manter um relacionamento com quem é importante dentro da área, em outras empresas, além de ex-colegas e *headhunters*, é uma forma de se manter viva no meio daqueles que podem ajudar a ampliar a visão sobre sua indústria, tendências, trazer oportunidades, falar bem de você, apoiá-la etc.

Portanto, não se trata apenas de fazer networking, e sim de construir relacionamentos que gerem valor para ambos os lados. Senão, o famigerado item "networking" fica como só mais uma coisa pendente na sua lista de afazeres! Em compensação, marcar constantemente cafés e happy hours, mesmo que on-line, com pessoas que você admira e gosta é uma forma muito mais simpática de manter o "mercado" sempre atualizado sobre você.

Pense nas pessoas que podem ajudá-la a crescer na carreira, encurtando caminhos, evitando estresses, diminuindo curvas de aprendizado, dando visões complementares e de mercado, mapeando oportunidades de trabalho, cursos e palestras para você assistir — ou mesmo ministrar:

- Ex-colegas ou ex-chefes em quem você confia;
- Coaches e mentores profissionais, melhor ainda se entenderem de carreira e liderança feminina;
- *Headhunters* e consultores;
- Especialistas em LinkedIn;
- Grupos de suporte, networking e/ou de afinidades, como o Mulheres do Brasil, que tem presença em todo o país.

Manter a consistência e a frequência evita surpresas desagradáveis e falta de apoio na hora em que você precisa: em geral, esses relacionamentos não são cultivados, só são ativados em momentos de desespero, quando você precisa muito de uma vaga de emprego ou uma indicação, por exemplo. Ninguém se mobiliza para encontrar uma vaga se você aparece do nada, depois de três anos.

Exercício: Mapeando sua rede de apoio externa

Vamos mapear quem e onde estão as pessoas importantes fora do seu mercado com o exercício abaixo:

1. *Brainstorm*: mapeie todos os seus *stakeholders* externos (eixo 4). Comece por todos aqueles que influenciam suas atividades diretamente, se houver, como clientes e fornecedores externos. Depois, os demais, como os da lista abaixo:

- Ex-colegas ou ex-chefes em quem você confia;
- Coaches e mentores profissionais, melhor ainda se entenderem de carreira e liderança feminina;

- *Headhunters* e consultores;
- Especialistas em LinkedIn;
- Grupos de suporte, networking e/ou de afinidades etc.

2. Agora, selecione aqueles com quem você tem mais afinidade e que podem ampliar a sua visão de fora, ou até abrir portas, aconselhar, apontar tendências e outras coisas importantes para você.

3. Entre eles, escolha aqueles com quem você tem mais facilidade de contato, ou seja, pessoas que respondem rapidamente a mensagens e e-mails.

4. Marque um café ou um compromisso com essas pessoas, de tal forma que, no mínimo, a cada 15 dias você tenha alguém na agenda, seja para um café ou uma conversa on-line.

Percebe que não é tão difícil se a gente começa pelo mais fácil? Imagine o que você vai conseguir se mantiver contato frequente com certas pessoas. Pense nos resultados (e no prazer!) dessas conversas, e para onde elas podem te levar.

Exercício: Mapeando sua rede de apoio interna

Agora que você já treinou um pouquinho com seus *stakeholders* externos, vamos para a versão mais avançada e mapear os internos, para que possa começar a criar uma rede de apoio dentro da empresa.

1. Vamos levantar os nomes das pessoas com as quais você interage dentro da companhia, usando os eixos dos *stakeholders* internos: equipe, pares e superiores.

Sua lista deve ter os nomes das seguintes pessoas:

- Toda a sua equipe;
- Seus pares;

- Superiores diretos e indiretos (leia-se, os colegas de seus chefes, linhas de funcionários ou de reporte matricial);
- Superiores dos seus superiores (os chefes de seus chefes e os colegas deles também).

2. Organize essas pessoas dentro dos polos de poder e influência *versus* apoio, de acordo com o esquema abaixo:

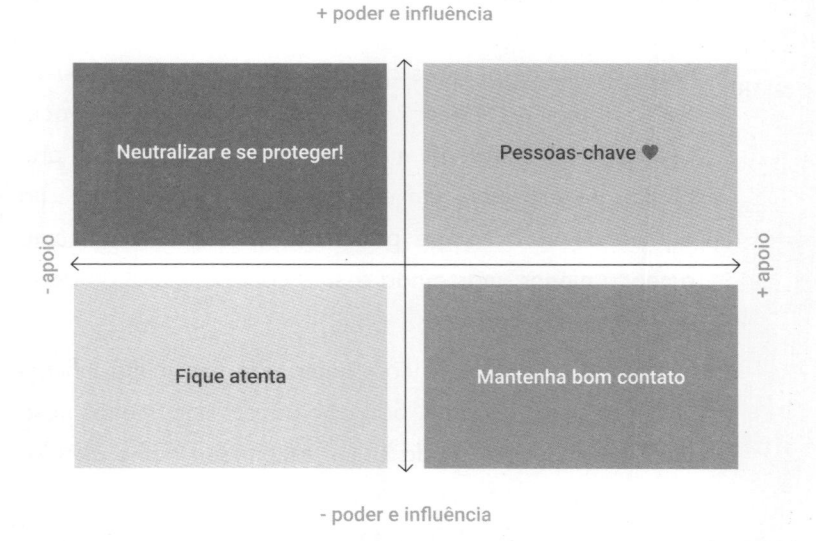

+ poder e influência

Neutralizar e se proteger!	Pessoas-chave ♥
Fique atenta	Mantenha bom contato

− apoio ← → + apoio

− poder e influência

Esse esquema de mapeamento é bem intuitivo e tem o propósito de trazer clareza visual sobre quem está no seu entorno. Imagine-se no centro desse gráfico, onde os eixos se cruzam.

Agora, distribua as pessoas da lista em um desses quatro quadrados, pensando em como elas têm poder e influência dentro da empresa em relação a você e como manifestam apoio a você.

Se uma diretora, por exemplo, é uma grande apoiadora do seu trabalho e é importante na empresa, ela se encaixa no quadro de "pessoas-chave", porque tem influência na companhia. Agora, se uma superior dela não gostar tanto de você, ela se encaixa no quadro de "neutralizar e se proteger", porque, apesar de ser uma pessoa de muita importância para sua carreira, pode ser um empecilho — ou até a prejudicar em algum momento.

Mas e aí, como lidar com cada um desses núcleos?

- Fique atenta às pessoas que não têm muito poder ou influência, mas podem ter impressões negativas sobre você. Esses são os detratores menores, que podem causar problemas se estiverem em espaços importantes, como sua equipe ou uma equipe próxima. Eles representam uma ameaça menor, mas ainda assim, com potencial de dano — não facilite para eles.

- Mantenha bom contato com quem não tem muita influência, mas gosta de você. São apoiadores com menos peso decisivo, mas que ainda assim fazem seu nome circular pela empresa de forma positiva. Isso é sempre maravilhoso para a reputação e imagem se consolidarem em outras equipes. Não subestime o poder da conversa de corredor.

- Pessoas-chave gostam de você e têm poder. Essa é a melhor combinação possível! São essas as pessoas que você deve manter por perto, comunicar o que está fazendo constantemente, se fazer ser vista! São o coração da sua força dentro da empresa, e que mais têm capacidade de levar seu nome (de forma muito positiva!) para o alto escalão. Entre elas, geralmente estão os melhores mentores e *sponsors*.

- Pessoas com influência, mas que não gostam de você. Faz parte. O mais importante, aqui, é neutralizar as críticas desses detratores. Criei um termo bem-humorado para isso: *foam shield*, ou escudo de espuma, que, apesar de proteger, não formaliza uma rivalidade. O que isso significa? Que precisam receber notícias positivas suas com frequência, seja por você mesma ou por seus apoiadores, enquanto você se protege delas ao não divulgar aspectos cruciais do seu trabalho que poderiam virar munição para elas. Isso as mantêm mais distraídas e com menos razão para espalhar veneno a seu respeito ou querer derrubá-la.

Muito importante: não enfrente seus detratores sozinha. Fortaleça a relação com seus apoiadores antes, desenvolvendo uma base de apoio e, posteriormente, pense em formas de se proteger.

Agora, você tem um modelo visualmente fácil para compreender quem é quem entre os seus *stakeholders*. Por que não experimenta desenhar o seu na página a seguir?

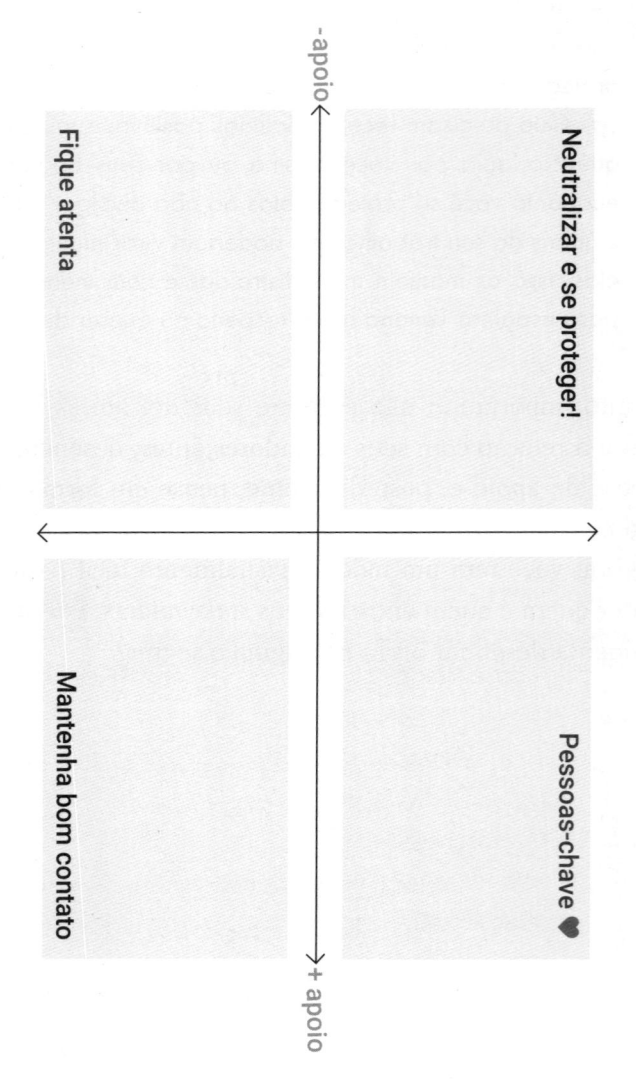

	- apoio	+ apoio
- poder e influência	Fique atenta	Mantenha bom contato
+ poder e influência	Neutralizar e se proteger!	Pessoas-chave ♥

Quando tiver esse mapeamento em mãos, vai ser muito mais fácil pensar nas pessoas de quem deve se aproximar e/ou melhorar seu relacionamento e entender o poder de ter uma base sólida de suporte. Também vai ficar mais fácil ver de quem deverá se proteger.

E com que base se faz isso? Pensando, é claro, em como elas interferem na sua reputação, capacidade de ação e influência dentro da empresa. Quem tem voz em reuniões de avaliação geral? Quem pode fazer seu nome chegar à alta gestão? E em que pé está sua relação com eles? É esse tipo de reflexão que quero provocar em você, para que ganhe clareza e consciência. E então partir para a ação.

POR ONDE COMEÇAR A LIDAR COM SEUS *STAKEHOLDERS*

O melhor jeito de começar é se aproximar de quem já é seu aliado. Você quer ter um exército leal antes de fazer qualquer movimento mais arriscado no tabuleiro.

Então, quem são os apoiadores naturais? Aquelas pessoas que já acreditam em você? E as pessoas que gostam de você, mas ainda não são tão próximas? É por aí que você começa. Marque no seu mapa essas pessoas com uma cor distinta. Não fica tão difícil se olharmos assim, concorda? Trata-se de fortalecer o que já tem força!

Quando estiver mais empoderada, você pode começar a trabalhar as relações mais complicadas. Isso significa que você pode tornar neutras as pessoas que não a apoiam abertamente ou, de fato, se afastar de quem pode, de fato, atrapalhá-la.

A IMPORTÂNCIA DE MENTORES E *SPONSORS*

Se há duas figuras fundamentais para a vida corporativa, esses são os mentores e *sponsors*. Os mentores falam *com* você, dando feedbacks e dizendo para onde ir; *sponsors* vão falar *por* você, levando seu nome para lugares a que você não chegaria sozinha, especialmente quando estiver alinhada a um projeto em que estejam envolvidos.

Em comum, essas pessoas abrem ou encurtam caminhos, ajudam a compreender melhor as entrelinhas das relações políticas, aconselham e dão força.

SOBRE OS MENTORES:

Eu considero de suma importância você ter pelo menos um(a) mentor(a) fixo(a). Mesmo que na sua empresa não haja um programa estruturado de mentoria, veja quem poderia ser, mesmo que informalmente, essa relevante figura.

Procure entre as pessoas que já validam seu trabalho e que, de preferência, estejam um ou dois níveis acima do seu. Não precisam estar em sua diretoria ou área, mas precisam ter muito entendimento da empresa e, preferencialmente, experiência no que você faz. Pode ser um(a) ex-chefe, ou alguém que já dirigiu ou foi gestor(a) em sua área, por exemplo.

SOBRE SEUS *SPONSORS* E PATROCINADORES:

Quem seriam bons *sponsors* para você e seus projetos? Em geral, são os principais apoiadores de alguma área ou de algum projeto.

Um *sponsor* vai defender uma ideia e/ou uma pessoa desde que esteja alinhada ao que ele também busca ou tem interesse. Então, procure *sponsors* entre as pessoas que estão encabeçando um projeto, área ou ideia que será impactado ou beneficiado pelo que você está propondo.

Exercício: Encontrando sponsors

Quem poderia ser seu *sponsor*? Bom, isso vai depender dos projetos que você tem em mãos agora. Siga esses passos:

- Divida uma folha na vertical, deixando duas colunas;
- Do lado esquerdo, liste os principais projetos no momento;
- Do lado direito, liste pessoas influentes e que poderiam apoiá-la nesses projetos;
- Marque essas pessoas no mapa de *stakeholders*;
- Veja quais se encaixariam no quadrante de "pessoas--chave".

Aí está sua lista de possíveis *sponsors*! É com essas pessoas que você deve falar.

COMO SE APROXIMAR DE UM MENTOR OU *SPONSOR*?

De maneira geral, é simples: marque uma conversa e apresente sua ideia de forma convincente (falaremos sobre isso logo adiante). Use também a fórmula para priorizar a sua relevância, que você verá no Capítulo 7.

Mas há alguns truquezinhos que podem facilitar. Por exemplo, tenho uma dica que costuma dar muito resultado nessa fase: perguntar o que o *sponsor* tem em mente para o projeto, área ou ideia. Deixe-o falar e faça perguntas de forma a conduzir o raciocínio até o que você tem em mente. Daí, apresente a ideia e busque o apoio dele.

No caso de mentores, peça para tomar um café, ou sugira uma conversa informal, e conte o que está buscando desenvolver em si mesma, de maneira objetiva, e por que acha que ele pode ajudar. Procure estabelecer uma periodicidade e a duração dos encontros. Às vezes, vale externar suas ideias e apresentar propostas. Por exemplo: meia hora a cada dois meses. Eu sempre sugiro começar com algo curto e depois aumentar, até porque fica mais fácil de encaixar na agenda um encontro de meia hora a cada sessenta dias do que um de noventa minutos por mês, certo?

Importante: assim que fecharem a periodicidade e duração dos encontros, mande o convite por e-mail logo em seguida para que já entre na agenda dele(a). Não perca o calor do momento!

Minha cliente Adriana separa a vida profissional entre antes e depois de mapear os *stakeholders* dela. Embora já tivesse relações dentro da empresa, ela construía essas relações de forma superficial. Com o tempo, percebeu que existe uma *troca mútua* quando cria esses vínculos: da mesma forma que pode contar com *sponsors* e mentores, eles também se apoiam nela para chegar a mais lugares. Hoje, ela conta com apoiadores fixos e outros que variam de projeto para projeto, mas sempre mantém os relacionamentos aquecidos.

Se você conseguir pelo menos um(a) mentor(a) e um *sponsor*, verá um aumento imenso em sua visibilidade — sem falar na sensação incrível que é ter apoio para você e suas ideias.

Ah, e claro, você também pode ser mentora e *sponsor*. Quando for construir suas bases sólidas, aproveite para fazer isso para outras mulheres, trazendo-as para mais perto, construindo relações de confiança, oferecendo palco, apoio e feedback.

Você vai perceber que, com esse time de peso ao lado, não há quem a segure dentro da empresa. Agora vamos para o próximo passo: construir e manter a base fora da empresa.

Exercício: Aproximando-se do mercado

Em relação ao mercado externo, com apoiadores que não fazem parte da empresa, há mais um exercício. Funciona assim:

- Liste pessoas e instituições importantes para sua carreira, como associações, grupos de mulheres da sua área de atuação, revistas, eventos, páginas, blogs, sites, perfis no LinkedIn etc.;
- Liste também ex-chefes, ex-colegas e *headhunters*;
- Conecte os dois itens acima, cruzando as instituições e as pessoas importantes com aquelas que poderiam levá-la até elas;
- Agora você já sabe: use o gráfico de Influência e Apoio da página 93 para mapear "pessoas-chave" que já a apoiam.

Há também como atuar de forma pontual, listando em que especificamente elas podem ajudar ou que portas podem abrir. Por exemplo: um ex-chefe pode ajudá-la a ficar de olho em oportunidades tanto de trabalho quanto de dar palestras.

Marque uma conversa, um café virtual ou um almoço presencial. Fale sobre você, mas escute também.

Sugiro que se proponha a marcar uma conversa dessas com pelo menos duas novas pessoas por mês. Menos que isso não vai ajudá-la a sentir o efeito da rede de apoio, e mais que isso pode ser difícil de encaixar na agenda.

Ah, esteja em contato com faculdades, escolas de negócios, MBAs — ser professora SEMPRE agrega ao currículo e à sua reputação, mesmo que seja como convidada. Se houver essa oportunidade, agarre-a!

Uma dica importante sobre seu LinkedIn: não o deixe desatualizado. Ao contrário, é fundamental se manter ativa nessa plataforma, que é feita para o universo profissional. Você não precisa se tornar oficialmente uma blogueira, mas recomendo sempre publicar ou repostar algo, com *sua* visão sobre determinado assunto ou sobre como você se sentiu ao viver determinada experiência. Por exemplo, se algo foi conquistado por você e/ou sua equipe, ou até pela empresa, fale do orgulho de pertencer, ou da alegria de ver um projeto ao qual você e seu time se dedicaram por tanto tempo receber tal reconhecimento. Ah, e não esqueça de marcar as pessoas importantes da empresa na postagem!

E como saber o que falar tanto com as pessoas importantes na empresa quanto no LinkedIn? Você vai falar sobre os ORRs — Objetivos Realmente Relevantes — que são o ponto-chave deste livro, que você conhecerá a seguir.

CAPÍTULO 6

MAPEIE O QUE É RELEVANTE (E ENCONTRE SUA ESTRELA DO NORTE)

Uma das maneiras mais efetivas e eficazes de se tornar e se manter relevante é gerar valor real para a companhia. Até aí, nenhuma novidade. Todas nós, de alguma maneira, entendemos que, ao trabalhar para uma empresa, estamos fazendo isso. Se você foi selecionada, mantida, treinada e capacitada para fazer um trabalho e ainda o faz, significa que, de alguma forma, você aporta valor.

Mas como transformar esse valor em relevância? Como virar a chave que transforma a entrega cotidiana em algo de alto valor para a companhia, enquanto potencializa reconhecimento e reputação? Encontrando a estrela do norte, que vai se tornar nosso referencial para tudo que faremos daqui para a frente. A partir dela, vamos decidir o que priorizar, o que delegar e até mesmo de quais reuniões participar.

Essa estrela-guia tem um apelido: é o conjunto dos Objetivos Realmente Relevantes, ou ORRs. Mas o que são esses objetivos? Eles representam prioridades e desafios mais importantes para a empresa no trimestre, semestre ou ano.

Considero que sejam os objetivos e desafios que *de fato* estão tirando o sono da alta gestão. São os tópicos que ganham prioridade máxima e passam por cima de outros em pautas de reunião, que recebem mais orçamento e provocam uma movimentação na empresa. São as tais bolas da vez. Você deve saber bem quais são.

Onde podemos procurar essas informações? Geralmente, os ORRs são divulgados em relatórios anuais, reuniões de diretoria, *town halls*, e-mails institucionais e anúncios coletivos da presidência, entre outros. Você *precisa* saber quais são, porque é a partir deles que construiremos sua trilha do ouro.

Esse tema é tão importante que não poderíamos ficar sem um exercício para você internalizá-lo. Vamos à prática?

Exercício: Descubra o que tira o sono da alta gestão e se torna mais relevante

1. Liste os ORRs da empresa. Quero que você descubra quais são esses objetivos e liste todos eles. Quais são os tópicos que estão na "boca do povo" na sua empresa no momento, no semestre ou trimestre? Pense em coisas como:

- Percentual de aumento de mercado;
- Aumento de mulheres na liderança;
- Mudança de planta;
- Abrir novos mercados;
- Transicionar para um modelo digital;
- Aculturamento de uma nova empresa adquirida;
- Alinhar expectativas culturais ao valor da empresa;
- Aumentar o valor agregado de produtos obsoletos.

2. Alinhe seu trabalho aos ORRs. Agora que tem mais clareza sobre quais são as prioridades da empresa, faça as seguintes listas:

- O que você já fez, no passado recente (até um ano, mais ou menos), que corresponde a esses objetivos?
- O que você faz *hoje* que corresponde a esses objetivos?

As respostas para essas perguntas são seu baú do tesouro. É o valor que você e sua equipe entregam diariamente à empresa, é o que você precisa *divulgar*! Esse é seu tesouro. Não precisa ser uma lista longa nem completa, mas pense em tudo que você já fez e faz. Veja de que forma contribui para o que de fato importa. É o que você vai ter que saber para comunicar de forma orgânica e constante.

3. Crie seu futuro. Como você cria e gera valor para a empresa, prioriza seu tempo e gera reputação e visibilidade para você e seu time? Há três maneiras principais:

- Criando projetos, processos e ideias que colaborem (de preferência diretamente) para os ORRs.
- Participando desses projetos, ideias e processos.
- Fazendo parte de comitês, grupos de trabalho ou de afinidade que se alinhem aos ORRs. Exemplo: comitê de diversidade de gênero (se este tema for importante para a empresa).

4. Crie rituais. Costumo aconselhar minhas clientes a criarem rotinas para mantê-las fortes e no prumo. Um conselho é fazer um inventário, *toda semana*, de entregas suas e do seu time que correspondam aos objetivos. Por exemplo: consegui marcar a reunião com o fornecedor X, terminei o relatório Y e

falei dele no corredor para a diretora Z. Isso vai ajudá-la a se lembrar de quão valorosa e relevante você é. Além disso, quando chegar a época de avaliação de desempenho, você sofrerá bem menos para lembrar tudo o que fez.

Essa lista também é ótima para diminuir, aos poucos, a síndrome de impostora. Tudo o que você fizer estará ali, documentado, para conferir quando quiser. Ajuda muito a colocar as coisas em perspectiva e dar um basta no julgamento interno.

Além disso, ter esse inventário é fundamental para comunicar e ganhar visibilidade, então faça sua lista, pois vamos usá-la logo mais, de maneira estratégica.

Você não precisa aceitar todos os projetos para validar a importância que tem na empresa. Pelo contrário: quando você sabe onde deve estar, sua participação brilha. Um ótimo exemplo disso são os grupos de diversidade.

A IMPORTÂNCIA DOS GRUPOS E COMITÊS DE DIVERSIDADE

Minha visão sobre comitês é bem direta. É importantíssimo fazer parte de grupos de afinidade, que dão acesso a pessoas com quem você não teria facilidade de se comunicar, construindo redes de relacionamento e aumentando o número de apoiadores!

Diana trabalha em uma megaempresa na Colômbia. Ela foi fazer um esperado e concorrido *job rotation* na matriz, localizada no Canadá. Ao chegar lá, sentiu que estava sendo sabotada pela nova chefia, que retirou responsabilidades que ela teria, reteve informações e a impediu de acessar reuniões importantes. Foi um sufoco: ela não podia ir embora, porque esse não era seu país, e ela não tinha mais a posição na filial colombiana. Diana precisava agir. A saída foi se conectar a um tema que já era importante para ela: a diversidade. Brilhante.

A empresa não tinha nenhuma política de diversidade — uma enorme falha, considerando o porte da companhia. Como o assunto já interessava a Diana, ela elaborou, sozinha, a política de diversidade da empresa, apesar de tudo ir contra. Elaborou uma apresentação e mostrou para o responsável global por pessoas, que ficou impressionado com o trabalho e a visão profunda e pragmática de Diana. Ela ganhou carta branca para tocar o programa de diversidade dentro da empresa, globalmente. O método dela foi adotado pelas filiais no mundo inteiro. Com isso, ela passou a circular novamente nas esferas de influência da companhia e a ter visibilidade devido à competência e audácia que demonstrou. Hoje, ela está de volta à Colômbia, ocupando uma das posições mais altas na filial do país.

Já Marcela foi promovida de gerente a diretora em uma enorme multinacional da área química. No começo da nova empreitada, acabou trocando os pés pelas mãos e cometeu alguns erros que comprometeram sua imagem. Ela estava muito insegura e o time se aproveitou disso, sabotando-a e deixando-a vendida em reuniões importantes. As coisas melhoraram muito quando ela se envolveu no comitê de afinidade de raça da empresa. Ela era a única gestora negra no Brasil. Lá, fez laços com pessoas que a apoiavam, davam-lhe espaço e falavam bem dela para a alta gestão. Marcela também desenvolveu a habilidade de se promover organicamente e passou a se posicionar de modo assertivo nas reuniões. Passou a liderar o comitê de raça, a ser porta-voz não só desse público na empresa, como foi selecionada como um dos altos talentos da companhia. Ela foi enviada aos melhores treinamentos, escolhida para projetos relevantes e aumentou a própria autonomia — o que lhe possibilitou mudar a equipe e fazer entregas ainda mais relevantes.

Eu amo essas histórias porque, apesar de tudo, elas têm finais muito felizes. São mulheres incríveis, que se envolveram em espaços novos, encontraram outros propósitos na adversidade e cresceram dentro da empresa.

Você também pode ter tudo isso. Mas tem um ponto faltando, um ponto-chave nessa equação toda: elas aprenderam a priorizar o que mais importa nas carreiras delas. Ao enxergar quais são suas prioridades reais, o mundo inteiro pode se abrir para você.

Faça o teste e descubra o que está sabotando sua carreira!

CAPÍTULO 7

PRIORIZE O QUE É ESTRATÉGICO

Existem mil fórmulas para priorizar o que é importante, mas, em geral, é fácil reconhecer o que é um incêndio a ser apagado e o que de fato conta. Ver a caixa de e-mail limpinha ao final do dia pode ser ótimo e dá uma sensação de dever cumprido, mas isso perpetua um ciclo negativo de tarefas que nunca acabam.

É preciso ficar atenta para não escorregar no excesso de trabalho e ser produtiva, não apenas ativa. Você pode, possivelmente, se tornar (ou se manter) uma tarefeira, alguém que dá conta de tudo de forma impecável, mas que não sabe priorizar o que é relevante e se perde no mar de afazeres, sem se mostrar importante.

Otimize o tempo e distribua a energia em ações que tragam reais resultados para você e também para a empresa.

A fórmula para priorizar a sua relevância

Trata-se de algo bem simples:

$P = V\text{-}T$

Sendo P = Priorização; V = Visibilidade; e T = Tempo de dedicação.

Ou seja, escolha as tarefas que trazem mais resultado e visibilidade e "custam" menos do seu tempo.

Como determinar o que é V (Visibilidade)? Usando os ORRs como guia. Tarefas, projetos ou e-mails que caem no seu colo todo dia deverão passar por esse filtro de prioridades — do contrário, você corre o risco de continuar trabalhando muito sem ter a visibilidade sobre o que faz. Se pergunte seriamente: isto tem a ver com as coisas que de fato importam? Vai me trazer visibilidade? E escolha com intenção aquilo que vai te destacar.

O que não estiver na sua lista de prioridade deve ser delegado para sua equipe, ou para seus pares, ou simplesmente você pode negar e devolver ao remetente (aqui, você vai precisar de firmeza, mas vale a pena). Se você é uma gestora, deve ter um time — e é ele que precisa absorver boa parte da entrega. Isso é doloroso para muitas mulheres, que subiram na carreira graças a sua capacidade de entrega e não conseguem desapegar de antigos hábitos. O que está por trás disso geralmente é o perfeccionismo, que é um problema cultural, especialmente entre mulheres. Dizer que é perfeccionista não é legal, nem uma característica boa disfarçada de defeito: é parte de uma característica feminina profunda e coletiva, que nos mantém presas no mesmo lugar. Vem da ideia antiquada de que temos que ser mães, esposas, filhas e chefes impecáveis.

O perfeccionismo é uma forma de nos mantermos jogando pequeno e não avançarmos. Até porque o perfeccionismo não é uma busca pelo melhor em nós, e sim pelo pior. Pense em quanto nos culpamos por não alcançar o ideal. Quanta energia vai embora nisso!

Só que, enquanto corremos atrás da perfeição (que, por sinal, nunca encontramos), tem gente roubando nossos frutos e mostrando-os como se fossem seus. Fique de olhos abertos!

Ser perfeccionista não compromete apenas a sua visibilidade e as suas entregas, faz o mesmo com as de outras pessoas também. Se você refaz o trabalho da equipe, tentando deixá-lo perfeito, não está usando o potencial deles como poderia nem mostrando trabalho. Isso também pode impedir a confiança e cumplicidade entre você e seu time. Para atender a necessidade de ser perfeita, você não delega tarefas e não motiva ninguém da equipe a crescer. Você impede a comunicação autêntica e a formação de uma base sólida que a admira, comunica e joga junto.

Então, vamos ter que rever o lugar do perfeccionismo, dando-lhe menos relevância para que você possa liberar mais tempo na sua agenda a fim de se dedicar ao que de fato importa.

Exercício: Como priorizar suas entregas

O próximo exercício é focado em como melhorar sua capacidade de priorização estratégica, aprendendo a aplicar a fórmula que apresentei no começo deste capítulo. Você vai ver que não é nenhum bicho de sete cabeças. É um exercício simples, mas que vai exigir um pouco de prática.

1. Liste e avalie suas entregas atuais. O que você tem em mãos, no momento? Liste todas as tarefas, projetos, pendências, e-mails a responder etc.

2. Aplique a fórmula.

- Quão alinhadas aos ORRs estão cada uma dessas entregas? Classifique de 1 a 10.
- Quais delas levam menos tempo?
- Quais delas dão mais visibilidade para você e para o seu time?

3. Deixe ir o que não serve mais.

Selecione quais atividades devem ser delegadas ou terminadas sem grandes investimentos de tempo e energia. Filtre também quais rotinas você deve deixar de fazer para ganhar tempo. Risque-as da lista.

4. Reveja sua lista de tarefas.

Agora que você fez a "curadoria" do que de fato é relevante, deve estar mais claro em quais esforços depositar atenção e energia. É nessas tarefas e projetos que você deve investir.

5. Vá atrás de outras oportunidades.

Com o tempo, conforme for ficando craque em se alinhar e priorizar os ORRs, você ampliará seu olhar para "caçar" novas possibilidades interessantes e potentes para se posicionar e ao seu time de forma relevante. Aqui listo algumas ideias:

- Ser mais vocal sobre os ORRs e passá-los ao seu time com clareza.
- Criar projetos relacionados aos ORRs.
- Pedir para a equipe que também se alinhe aos ORRs e compartilhe progressos e resultados.
- Desenvolver relatórios mensais ou trimestrais, curtos e ágeis, mostrando como você e a equipe estão integrados aos objetivos da empresa.
- Pensar de forma já alinhada aos ORRs na próxima apresentação que você fizer, mesmo que de maneira tangencial.

Sempre que surgir algo novo, passe esse filtro e escolha o que faz real sentido e traz visibilidade.

Quanto melhor você internalizar os ORRs, mais clara estará a relação entre os seus objetivos e os da empresa; e mais fácil será priorizar o que de fato importa. Assim, mais relevante você tenderá a ser para a companhia. E mais chances serão criadas para seu time brilhar.

E já que estamos falando sobre time, vamos dar uma olhada nele.

CAPÍTULO 8

ORGANIZE SEU TIME DE CONFIANÇA

Como falamos antes, ter boas relações é muito importante. Na jornada até o topo, é fundamental ter as pessoas certas, mapear a rede de apoio e não seguir sozinha. A equipe é um desses pilares, de imensa relevância. Um time sólido ajuda a ter entregas de qualidade e força para tocar o dia a dia. Com a equipe certa, você pode investir energia e tempo a fim de chamar atenção da empresa para tudo que estão construindo. Mas como selecionar e manter as pessoas certas? Em duas sentenças: uma equipe precisa ser E2C — capaz e de confiança.

Um time capacitado para executar tarefas com impecabilidade é o mínimo que se espera. As pessoas que estão com você precisam ser MUITO boas no que fazem, comprometidas e responsáveis. Precisam dar conta das expectativas e também absorver o que você não faz tão bem.

Mas isso só não basta. A equipe é seu pilar, sua base. Se ela não for de confiança, não será sólida o suficiente.

Um time de confiança significa que você não tem "maçãs podres", que são verdadeiros detratores de imagem, contaminando os demais membros do time, fazendo ruir sua base.

Pessoas que não possuem o espírito de equipe minam seus esforços falando mal de você pelas costas, tentando passar por cima de suas colocações, expondo suas vulnerabilidades em público, questionando suas habilidades em reuniões importantes ou mesmo fofocando pela "rádio-peão" a seu respeito, de maneira quase sempre desrespeitosa. Isso sem falar de funcionários que dão notas negativas e falam coisas injustas em processos sigilosos de avaliação de desempenho, como os 360 graus ou PEPs, que tantas empresas fazem.

Além disso, muitas vezes, a dificuldade que você sente para delegar também passa por fatores mais subjetivos, como a falta de confiança na pessoa em questão, tanto em relação à capacidade quanto em relação à competência demonstrada por ela.

Não mantenha esses detratores na equipe por não suportar a ideia de ser vista como vilã pelos demais. Não adianta tentar dar um jeito, com a esperança de que um dia as coisas vão se encaixar, pois raramente acontece.

Ter um time de ponta significa também que as pessoas podem ser preparadas para substituir você no futuro. Com isso, você será a mentora deles para quando subir na carreira. Ter sucessores é fundamental para você criar bases para voar!

Em resumo: procure por profissionais capazes, responsáveis e com espírito de equipe. Não aceite menos que isso. Para voar, você precisa estar acompanhada de boas pessoas. Sem elas, perderá tempo, gastará muita energia na gestão de quem não vale a pena e terminará minando os próprios esforços.

Beatriz confiava demais na equipe e não fazia as movimentações necessárias na área que liderava, por receio de chacoalhar demais o barco. Já estava havia 17 anos na empresa, não era promovida havia três e estava sem perspectivas. Pensava, inclusive, em deixar a companhia.

Foi durante nosso processo de coaching que ela percebeu que o que travava o reconhecimento pelo seu trabalho era uma colaboradora tóxica, que sabotava todas as ações e falava mal dela pelas costas. Essa pessoa a impedia de deslanchar.

Ao demiti-la, após cinco anos tolerando esse péssimo comportamento, Beatriz mudou o foco de suas relações. Contratou uma pessoa mais adequada, passou a se sentir mais confiante para promover melhor o próprio trabalho e para se posicionar mais a respeito do seu desejo de subir na carreira. Começou, também, a aparecer mais para os clientes influentes, que se tornaram parte de sua rede de apoio. Hoje, ela é associada na empresa.

COMO TER UMA EQUIPE DE PONTA EM TRÊS PASSOS
Ter uma equipe excelente não depende apenas das capacidades técnicas e comportamentais dos funcionários, e sim de uma combinação bem especial de tudo isso. Nesse ponto, sou radical: a equipe precisa ser formada por pessoas com as quais você compartilha objetivos e valores. Sem esse alinhamento, será muito difícil fazer seus resultados (e os da equipe) ressaltarem, conquistar novos projetos e receber o devido crédito.

Existem três passos fundamentais para compor esse time:

1. **Selecionar**: Ou trazer para o time as pessoas certas para você. É importante avaliar cada contratação a partir de excelência técnica (*hard skills*) e também de aspectos mais subjetivos, mas igualmente importantes (*soft skills*), como autonomia, responsabilidade, parceria e companheirismo, se é de confiança, se tem condições de ser substituta em reuniões etc. A empresa já faz isso por meio dos processos de contratação, então seu foco, nas entrevistas, deve ser a percepção de capacidades alinhadas a seus objetivos e suas necessidades, de modo que absorva parte das tarefas do dia a dia e vá além.

2. **Manter**: E sobre manter quem já está alinhado? É importante reconhecer e desenvolver seus talentos. Algumas perguntas que podem ajudar são: Em que essa pessoa se destaca? Por que você a considera importante para o time? Em que ela é excelente? Quais seus principais resultados? Historicamente, como vem agregando valor ao time e a você? Por que você a considera de confiança? Entre as pessoas que você vai manter no time, há duas possibilidades: ajustar o que não está funcionando tão bem e/ou desenvolver ainda mais o que é bom.

- **Ajustar**: O que precisa ser ajustado? O que essa pessoa precisa fazer e o que precisa deixar de fazer? Em tese, as ferramentas disponibilizadas pelo RH ajudam a organizar e mensurar os ajustes necessários. O que observo, porém, é que nem sempre minhas alunas e clientes se perguntam se as pessoas da sua equipe estão de fato aptas para fazer com que a máquina rode com autonomia, a ponto de elas terem que fazer muito pouco esforço para gerir seu time. Um time bem azeitado é a chave para que você possa ter mais tempo livre para promovê-lo e a você mesma. Quais ajustes possíveis de fato essa pessoa poderá fazer para atingir esse patamar? Essa é a chave. Fazer ajustes é diferente de tentar encaixar uma pessoa em uma forma que não é a dela. Desenvolver competências e habilidades é algo bastante possível (e desejado até), mas esperar que determinado colaborador seja ou aja de um jeito distinto não vai funcionar. Você e essa pessoa vão se desgastar ainda mais. Ajustar passa por entender quais aspectos precisam de afinação, ampliação de capacidades — e não mudança radical de personalidade ou caráter. Tenha isso em mente quando tiver as conversas de feedback, traçando metas compatíveis com o que se pode esperar.

- **Desenvolver**: Para que os membros do seu time tenham a condição de absorver e gerir com destreza o que precisam dar conta, muitas vezes é necessário desenvolver ainda mais os pontos fortes deles, em vez de focar nos pontos fracos. Pessoas que trabalham na zona de genialidade geralmente se sentem valorizadas e com sentido de propósito. Vamos falar mais sobre isso no próximo capítulo.

3. **Demitir**: Por fim, o mais difícil, que é desligar um(a) colaborador(a). Na minha experiência, esse aspecto da vida corporativa é ainda mais complexo para as mulheres. Não só internamente, por sentirem mais as dores da pessoa desligada, se verem como possíveis vilãs por parte da equipe, como também por fatores externos. Em muitas ocasiões, observei clientes tendo que se articular e "cavar" a demissão de um colaborador com mais dificuldade do que um colega homem. Tanto a gestão direta quanto o próprio RH parecem levantar mais dúvidas a respeito da necessidade de demissão quando ela é proposta por uma executiva do que por um executivo. A saída mais fácil é fundamentar essa baixa com muitos números e dados concretos, para que não possa ser atacada. Lembre-se, aspectos emocionais ou achismos não sustentam uma demissão.

Na tabela a seguir, você verá o método que desenvolvi para ajudar minhas clientes a avaliar seus colaboradores de forma mais efetiva. Você poderá descrever o perfil de cada funcionário

Colaborador(a)	Nota da capacidade técnica	Justificativa	Impacto	Nota de *soft skill*	Justificativa	Impacto	Manter? Por quê?	Ajustar? O quê?	Desenvolver? O quê?	Dispensar? Por quê? Quais os fatos?
Claiton	10	Nas reuniões semanais do projeto X, ele sempre tem na ponta da língua as respostas técnicas.	Ele pode tocar sozinho os assuntos da competência dele, inclusive me substituindo em reuniões importantes.	10	É uma pessoa honesta, que cumpre o que promete.	Posso confiar que ele não vai me deixar na mão e sei que não vai me passar para trás ou falar mal de mim em reuniões.	Sim, porque ele é ótimo e pode me substituir tecnicamente em muitas reuniões e eventos.	Sim, capacidade de liderança. Recomendar coaching e solicitar ao RH.	Sim, os aspectos técnicos que podem ajudar a desenvolver novos produtos.	NÃO
	10	Ele trouxe soluções tecnicamente impecáveis para o produto Y.	A minha área hoje é uma referência no assunto. Fomos reconhecidos com bônus generoso.	6	Falta visão estratégica: não enxerga sua tarefa como parte de um todo maior, não vê o impacto da sua contribuição.	Está sempre preocupado com as minúcias das entregas. Também não consegue enxergar como os demais colegas e projetos podem ser úteis para nossa área.				
	10	A área comercial confia na sua capacidade técnica.	Temos um excelente relacionamento com a diretora da área, que é uma das minhas pessoas-chave.	5	Não se apropria do seu espaço, não ocupa o próprio palco.	Não se posiciona favoravelmente e não traz para si ou para a equipe a propriedade sobre aquele assunto, deixando muito espaço para que outras pessoas roubem nossas ideias.				
média	10			7						

de acordo com as capacidades técnicas, ou seja, de acordo com entregas de fato e também no que diz respeito às *soft skills* — os aspectos menos objetivos, mas igualmente importantes, como relações interpessoais, capacidade de influenciar e inspirar, comprometimento, liderança, iniciativa, responsabilidade etc.

Vou dar um exemplo baseado em uma sessão com uma cliente, Roberta. Ela enfrentava dificuldades importantes com um gerente da sua equipe, Claiton, mas não sabia nomear qual era o problema. Essa foi a tabela que usamos para avaliá-lo, usando a escala de 0 a 10 para dar notas e ter mais concretas as questões que precisavam ser trabalhadas:

Para Roberta, a capacidade técnica de Claiton era excelente, o que ofuscava a dificuldade que ele tinha de liderar, fundamental para o cargo que ocupava (e que dava a ela mais liberdade e tempo). Ficou claro que ele era um colaborador importante e que valia a pena mantê-lo e ajustar os pontos fracos, enquanto ampliava ainda mais as capacidades dele. Além disso, ficou mais fácil fazer um feedback preciso e saber no que investir no seu desenvolvimento.

Exercício:

Vamos descrever o que fizemos para que você também possa fazer sua tabela:

1. Liste os principais desafios que enfrenta como gestora. Considere como quer se posicionar, as entregas que precisa fazer etc. Com isso em mente, siga os demais passos.
2. Atribua notas para cada um em sua equipe, considerando tanto capacidade técnica quanto *soft skills*, sempre lembrando dos seus desafios atuais e futuros.

3. Fundamente sua nota. Liste três razões concretas ou situações pelas quais essa nota se justifica.
4. Descreva o impacto positivo e/ou negativo de cada um dos comportamentos/características listados.
5. Calcule a média geral do(a) colaborador(a) para *soft skills* e capacidade técnica.
6. Pondere se esse é o tipo de apoio que você precisa e descreva o que precisa ser feito: manter, ajustar, desenvolver e/ou dispensar.
7. Aplique esse modelo a todos os integrantes de seu time para ter um mapa bem desenhado dos pontos fortes e fragilidades de cada um.

Assim, você saberá, por exemplo, com quem pode contar ou não e por quê. Outro ponto interessante desse exercício é identificar o que é necessário para desenvolver quem faz parte da sua equipe. Vai ficar mais fácil identificar eventuais treinamentos ou investimentos, como coaching, que possam ser necessários. Ou, em casos extremos, a clareza de quem não tem condições reais de estar no seu time.

Espero que, com esse exercício, você sinta que conhece melhor sua equipe, sem projetar muitas expectativas que podem não ser realistas. Suas impressões podem mudar com o tempo (ainda mais se existe espaço para melhora!), mas documentar tudo isso é valioso, porque é material para embasar uma grande mudança de mentalidade: quando você delega, tem tempo para pensar mais. Quando tem mais tempo para pensar, pode criar, comunicar e espalhar ideias.

Quando você tem todas as capacidades do seu time bem mapeadas, entende perfeitamente que aspecto de cada pessoa da equipe precisa ser trabalhado — e tem confiança de delegar algumas das tarefas menos estratégicas que estão na sua mão hoje.

Determine quais projetos serão pessoalmente tocados por você e quais deverão ser descartados ou encaminhados para a equipe. Escolha com critério, pois distribuir adequadamente é o primeiro passo para realizar com eficiência. Considere a capacidade e o perfil de cada um de seus colaboradores, quando estiver pensando em delegar. Vamos falar mais sobre isso?

CAPÍTULO 9
DELEGUE COM CRITÉRIO

Ao se apoiar em seu time para se liberar de reuniões em que você não precisa estar e delegar tarefas que o ajudem a crescer, você tem mais tempo para cuidar da visibilidade e relevância dos membros da equipe (e da sua, obviamente), sem desperdiçar oportunidades. Por isso, precisamos falar da importância de delegar trabalhos.

Saber delegar pode ser incrivelmente doloroso para algumas mulheres. Em tese, seria algo muito simples, mas, para uma pessoa perfeccionista, passar uma tarefa adiante não é fácil, pois delegar significa ter confiança e desprendimento o suficiente.

Algumas de minhas clientes refaziam todo o trabalho feito por alguém da equipe, pois não achavam que estava a contento. Resultado: essa atitude, com o tempo, minava a motivação dos colaboradores e os impedia de crescer, sem falar na enorme perda de tempo para refazer tudo.

==Delegar transmite confiança às pessoas, entendendo que elas farão o seu melhor — e não necessariamente como você faria. O primeiro passo é ter esse desprendimento e compreender essas diferenças com um olhar mais ampliado. O que meu funcionário pode agregar, que traz valor para mim, para a companhia e para o time?==

Gestores centralizadores estão entre os mais difíceis de trabalhar — microgerenciamento está na pauta do dia, e a necessidade de controle pode criar um ambiente tão tóxico que as pessoas perdem a noção de si. Não canso de receber reclamações de alunas e clientes que não sabem mais que valor aportam nem no que são boas, após um período sob a gestão de um(a) chefe assim.

 Por outro lado, ao delegar com consciência, você pode otimizar os potenciais que tem na equipe, dar autonomia para que todos cresçam e ganhar tempo. É preciso ter algum critério para que isso dê certo.

A teoria da Zona de Genialidade é um conceito desenvolvido por Gay Hendricks em seu excelente livro *The Big Leap*, ainda sem tradução para o português. Eu a uso com alguns ajustes, pois é prática e nos ajuda, de maneira simples, a compreender melhor o que cada um faz de forma genial, muito bem, bem e não tão bem. Pode e deve ser aplicada para você mesma e posteriormente para a equipe.

ZG - Zona de Genialidade
ZE - Zona de Excelência
ZC - Zona de Competência
ZI - Zona de Incompetência

Recomendo muito a leitura do livro de Hendricks para aprofundar seus conhecimentos, mas eis aqui um resumo:

A Zona de Genialidade, ou ZG, é quando fazemos as coisas com muita facilidade, com os melhores resultados possíveis. Geralmente é aquilo que fazemos tão naturalmente que "parece que nem fizemos nada" (e, curiosamente, valorizamos menos). A gente investe pouca energia, sabe o que tem que ser feito, faz rápido, se sente bem e tem ótimo resultado.

Abaixo da Zona de Genialidade, há a Zona de Excelência, a ZE, que define aquilo que fazemos muito bem, mas não com tanta naturalidade. Os resultados vêm, mas com algum esforço que, a princípio, não é muito grande.

Depois, temos Zona de Competência, a ZC, que, como o próprio nome diz, é aquilo em que temos boa capacidade de realização, mas não somos excelentes e muito menos geniais. Atuar a partir de nossas competências é um bom ponto de partida, mas a médio prazo pode ser extenuante.

Por fim, há a Zona de Incompetência, a ZI, que engloba as atividades ou tarefas em que somos abaixo do esperado. Não somos bons, é um esforço para fazer, não é rápido, e o resultado é pífio.

Vou falar um pouco sobre mim para dar um exemplo:

Minha Zona de Genialidade está em criar conteúdos úteis a partir das minhas experiências de vida; dar palestras e aulas sobre eles; identificar o caminho para a essência de cada pessoa que atendo; e, um ponto mais pessoal, fora do mundo corporativo, é que para mim é muito natural criar decoração de festa infantil a partir de temas diferentes (certeza que outras mães me entendem). Eu adoro fazer, me divirto e nem vejo o tempo passar (um dia conto sobre as festas...). Não quero passar para ninguém, pois são coisas que levam minha marca natural, expressam minha essência e me satisfazem muito.

Minha Zona de Excelência consiste em gravar vídeos para meus posts, roteirizar, gravar, editar. Eu gosto, faço bem e rápido, as pessoas gostam bastante — mas não é algo que sai com muita facilidade, e me demandam algum esforço. O que fiz foi delegar parte do processo: o que mais me tomava tempo e gerava estresse — edição e publicação.

Minha Zona de Competência engloba executar uma estratégia de vendas para alcançar novos clientes. Eu sei o que tenho que fazer, mas preciso aprender muitas coisas para ficar boa nisso. Resultado: eu procrastino e nem sempre faço sequer *follow up* nos meus contatos. O que fiz: contratei pessoas para fazerem prospecção para mim.

Minha Zona de Incompetência: burocracias e números. Nunca fui boa nisso e aprender a emitir nota fiscal, pagar impostos, equipe, entre outras coisas, está fora da minha capacidade. O que fiz? Deleguei para uma empresa de contabilidade que cuida de tudo isso com muita habilidade. Pago feliz por esse serviço.

Exercício: Como delegar para colaboradores?

1. Comece com uma autoavaliação. Onde você é ZG, ZE, ZC e ZI?
2. Avalie todas as pessoas do seu time de acordo com os mesmos critérios. No que cada um é genial, excelente, competente e incompetente? Distribua as tarefas de acordo com a zona de cada um. Assim, você tem mais chance de ter um time de pessoas motivadas, capazes e felizes.
3. Para tudo que está abaixo de sua própria Zona de Excelência, tente ver para quem você poderia delegar, que seja excelente ou genial naquilo. Ou seja, que sua equipe pode fazer maravilhosamente bem.

Zélia tinha sido recém-promovida ao cargo de gerente sênior em uma empresa para a qual já trabalhava havia alguns anos. Excelente gestora, tinha visão estratégica e experiência em pesquisa de mercado. Na nova função, ela foi transferida de área, o que demandava um conhecimento de produto que ela tinha apenas superficialmente.

O time, que já havia demonstrado resistência à sua chegada, demorou a confiar em suas capacidades. Durante alguns meses, Zélia tentou conquistar seu espaço sendo mais objetiva e direta, para provar que era sênior o suficiente e que sabia o que estava fazendo. O efeito na equipe foi mais do que indesejado: a resistência a ela aumentou e ela ficou mais insegura.

Durante nossas sessões, identificamos que havia pessoas com muita experiência técnica no time dela, mas que ela não havia percebido ainda. Fizemos o mapeamento de competências e também o exercício da zona de genialidade. Zélia então chamou o time para uma conversa e expôs, de maneira vulnerável, porém assertiva, o que estava percebendo e em qual direção gostaria que o time fosse.

Explicou que havia muitas oportunidades para todos e que gostaria de desenvolver o time para que eles pudessem aproveitá-las. Mostrou a própria autoavaliação, demonstrando onde era genial, excelente, competente e incompetente e pediu que o time fizesse o mesmo.

Em seguida, eles fizeram um alinhamento para que os membros da equipe pudessem assumir tarefas e projetos nos quais eram geniais ou excelentes e delegar o que não faziam tão bem, encontrando entre eles mesmos quem pudesse assumir as tarefas nas quais não eram tão bons. Com isso, Zélia ficou coberta no que não era muito experiente e se sentiu segura, aumentando a moral do time, que passou a vê-la como uma líder justa, muito estratégica e visionária. A equipe, que era bastante técnica e pouco visível, hoje, recebe os projetos mais importantes da unidade de negócios, acessa programas de treinamento e desenvolvimento de primeira linha e é reconhecida como um time de alta performance.

Espero que, depois de fazer esse exercício, você sinta que conhece melhor sua equipe e possa delegar com segurança: ao fazer isso, você ganha tempo para pensar, criar, comunicar e espalhar suas ideias.

CAPÍTULO 10

ESPALHE SEUS RESULTADOS: UMA ESTRATÉGIA DE COMUNICAÇÃO ORGÂNICA

No excelente livro *Survival of the Savvy*, os autores Rick Brandon e Marty Seldman dizem que mulheres preferem tratar um canal no dente do que fazer autopromoção na vida profissional. Sou obrigada a concordar. Na minha experiência, minhas clientes acham que promover o que fazem significa corromper o trabalho de alguma forma, como se falar dos seus feitos tirasse o valor deles.

Acontece que tudo comunica: até aquilo que você não fala. Então, ao não revelar as próprias vitórias, você também está dizendo algo.

Se você tiver que aprender uma única coisa com este livro, que seja que a crença de que um trabalho bem-feito fala por si só é um tiro no pé. Em vez dela, quero que você coloque outra no lugar: você é a protagonista e principal responsável pela visibilidade de sua carreira, seus resultados e dos resultados de seu time.

Em uma arena extremamente competitiva, onde não basta só fazer — tem que mostrar —, muitas mulheres deixam de participar e sentem que dependem do julgamento dos outros — sem que elas tenham a chance de construir a percepção que tanto desejam.

Você precisa entender que comunicar o que faz não deve ser um martírio. Com a metodologia certa e passos objetivos, uma promoção no trabalho passa a ser uma verdadeira alavanca na carreira. Destaco alguns deles:

- Trabalhar as suas potências e construir presença executiva por meio de pequenos ajustes de conduta, que transformam a visão que as pessoas têm de você;
- Aumentar sua relevância ao saber exatamente como se destacar em reuniões, sendo convidada ou liderando-as;
- Encarar momentos informais entre colegas e chefes como verdadeiras oportunidades para falar, sem vergonha, sobre seus resultados incríveis e conseguir o que quer;
- Ser vista como líder e executiva preparada para assumir desafios à altura, incluindo cargos, projetos e salários;
- Ter reputação sólida a respeito de resultados, conquistas e competência tanto dentro quanto fora da empresa;
- Ser reconhecida à altura da sua entrega, sem ter que esperar indefinidamente e, mais ainda, sem ficar ressentida por não ser valorizada pela companhia.

ONDE ESTÁ A PEGADINHA?
Sou uma defensora contumaz da comunicação de resultados, mas o fato é que nós, mulheres, sempre vamos ser julgadas de forma enviesada. Se falamos sobre trabalho com assertividade, nos taxam de arrogantes. Se somos modestas, não aparecemos e perdemos oportunidades. O que nos resta?

Vou mostrar a você o caminho para sair desse círculo vicioso. O que você não deve fazer é deixar de promover seu trabalho, até porque as pessoas-chave da lista que fez precisam ser alimentadas com notícias boas a seu respeito.

Na minha experiência profissional, o que funciona é dar visibilidade ao seu trabalho de maneira orgânica, natural, como se você não estivesse fazendo nenhum movimento especial.

Chamo isso de estratégia de comunicação orgânica — a chave para sair da armadilha do binômio arrogante/invisível.

Existem quatro variáveis para que você comunique, de forma natural e casual, seus resultados, sem parecer que está executando uma estratégia:

- Do jeito certo;
- Na hora certa;
- De maneira consistente;
- Para as pessoas certas.

DO JEITO CERTO

A chave para não parecer arrogante, agressiva ou prepotente, nem ficar encolhida no seu canto com a cara no computador, é *compartilhar progressos*.

Então, para driblar essa bipolaridade que tanto nos aprisiona, troque marketing pessoal, autopromoção ou vender seu trabalho por compartilhar boas-novas. Ou seja, espalhar as coisas boas que você e seu time fazem.

NA HORA CERTA

Espalhe os resultados em situações formais e informais, de maneira sutil, elegante e na medida certa. As situações formais são aquelas que constam na agenda, como:

- Avaliações de desempenho;
- Reuniões de comitês;
- Grupos de trabalho;
- 1x1 com chefes ou superiores;
- Reuniões de conselho.

Vamos falar sobre essas situações mais adiante.

Já as situações informais são os momentos do dia a dia, presenciais ou virtuais, que permitem interações, como:

- Prévias de reuniões ou apresentações;
- Comunicações via mensagens eletrônicas tipo WhatsApp, Messenger do Teams ou equivalentes;
- Almoços;
- Cafés;
- Caronas;
- Estar junto no mesmo voo ou corrida de táxi/Uber;
- Conversas de corredor;
- Caminhos até reuniões/bebedouro.

DE MANEIRA CONSISTENTE

Qual é o segredo para acertar na forma de fazer essa comunicação? É SEMPRE falar algo que tenha a ver com os ORRs.

Exemplos:

- Aretha, diretora da área jurídica de uma empresa, em mensagem via Teams, para o vice-presidente comercial: Lembra aquele termo que estava enroscado com o cliente, travando o fechamento do contrato? Consegui mandar uma alternativa ao parágrafo que ele não tinha aprovado. Ele já viu e respondeu dizendo que vai reavaliar. Ficou de me dar retorno semana que vem. Dedos cruzados!

- Eliana, consultora interna de RH, ao cruzar no corredor com uma de suas clientes, a gerente de marketing: Oi, Érica, boa-nova: aquele candidato de que você gostou está interessado na vaga. Nosso próximo passo é fazer uma proposta formal. Te dou notícias em breve!

- A coordenadora de projetos, via WhatsApp, para o chefe: Boss, a galera está muito empolgada com o novo projeto. Estão todos envolvidos com a parte estratégica. Assim que tivermos ok da T.I. já terei algo para apresentar.

- Vivian, especialista da área de relações institucionais ao encontrar o vice-presidente da unidade de negócios no corredor: Oi, José! Tudo bem? O contato com a imprensa que você pediu parece que vai vingar. O jornalista achou a pauta ótima. Como está sua agenda esta semana?

- Telma encontra Clayton, seu chefe direto: Bom dia, Clayton! Tenho uma boa notícia. Consegui com a Márcia, do time de RH, que a fala de abertura do evento de marketing da empresa fosse sua. Vai ser ótimo. Assim que ela me passar os detalhes, eu te aviso.

Perceba que o que compartilhamos são os achados do caminho, não apenas a euforia da chegada. Isso é que faz ser natural, quase sem parecer nada demais.

Ainda assim, fazer isso parece ser um mistério para muitas das minhas clientes. Sabe o que costuma funcionar? Entender em que etapa do processo você está e comunicar o progresso (e não o resultado perfeito).

Uma técnica muito simples e que uso nos meus treinamentos para líderes mulheres é o Kanban. Com o auxílio da tabela a seguir, você vai anotando os projetos e tarefas de acordo com o andamento. Na coluna FAZENDO, você encontra as flores do caminho.

Segue um exemplo:

A fazer	Fazendo	Feito
Implantar projeto de gestão de fornecedores.	Confirmar orçamento disponível para o trimestre com área de finanças. Contatar antigos colegas para recolher indicações de fornecedores. Aguardar retorno de T.I. com o número de fornecedores atuais deles.	Elaboração do projeto. Apresentação do projeto para o chefe. Apresentação para o comitê diretivo. Contratação de coordenador de projeto para integrar a equipe.

Não caia na roubada de esperar estar feito para mostrar. Muito menos esperar estar perfeito para comunicar. Perceba, aliás, que essa coluna nem existe...

Não esqueça que tudo o que você faz deve se alinhar aos ORRs e deve ter passado pela Fórmula para Priorizar. Assim, terá mais chance de lhe trazer visibilidade. Foque no que de fato importa, priorizando o que traz visibilidade e *comunique seus progressos*.

PARA AS PESSOAS CERTAS

Você já deve saber a resposta: para suas pessoas-chave! É isso mesmo. Elas são a prioridade. São elas que precisam receber *constantemente* as melhores notícias.

Nessas horas, me lembro de uma meditação que fiz há muitos anos. Era como uma visualização que dizia algo mais ou menos assim: quando nos sentimos perdidos, é como se estivéssemos no deserto. Você está cansada e não parece haver nada ali. Em algum momento, você cai de calor ou desespero. Espeta a mão num cacto. Na hora, parece ruim, até se lembrar de que o cacto está cheio de água. Você o quebra, bebe e se refresca. E onde há um cacto, há outros. Você se descobre no meio da abundância. A mesma coisa acontece com as oportunidades.

Bonito, né?

Exercício: Como contar e para quem contar

Faça sua tabela Kanban e levante quais projetos alinhados aos ORRs estão com você no momento — eles já podem ter sido levantados, para a lista rotineira proposta.

Perceba que acrescentei duas colunas, para que você coloque o nome da pessoa para quem vai contar a boa-nova e quando. Lembre-se: o foco é nas pessoas-chave, mas todas as outras que são influentes (e não gostam de você) também precisam ser, digamos, polinizadas...

					A fazer
					Fazendo
					Feito
					Para quem contar
					Quando (descrever a situação ou momento ideal para contar)

Pronto! Siga o que propus nesta seção para descobrir para quem e quando contar. Mande mensagens, comente casualmente antes de uma reunião, fale durante um trajeto de táxi e veja a magia acontecer. No começo, é possível que as pessoas nem respondam, mas não se abale. Vá mostrando os progressos, compartilhando pequenas vitórias, sem desistir, por pelo menos três meses. Aproveite todas as oportunidades para mostrar e capitalizar tudo o que você e sua equipe conseguiram, de um jeito simples e muito efetivo.

Quando chegar a hora de se reunir para mostrar resultados, você terá muito o que dizer.

CAPÍTULO 11

REÚNA-SE COM INTELIGÊNCIA

Reuniões são muito comuns na vida corporativa. As pessoas vão recorrer a você para tocar projetos, rever estratégias e pensar nos objetivos do ano para a empresa (sim, eles mesmos: os ORRs. Já estamos íntimas deles agora, né?).

Saiba que ir para uma reunião já é uma decisão estratégica. Se você foi chamada, existe um espaço para mostrar o trabalho que tem feito e, como já conversamos, isso faz parte da sua função. Não desperdice essa oportunidade!

As reuniões chegam a representar até 50% do nosso tempo na empresa. Essas são as situações ideais para reforçar o posicionamento, a visibilidade e a percepção que queremos dos outros. Por isso, a forma como você se coloca em reuniões precisa ser bem planejada e cuidadosa.

O que percebo na maioria das minhas alunas e clientes é que elas não dão a devida importância às reuniões. Elas comentam que deixam de se posicionar para não ser humilhadas, por não saber muito do assunto, por medo de falar bobagem ou de ser interrompidas, ou até de ter uma ideia roubada. Mas lembra o que descobrimos no capítulo anterior? Tudo comunica. Tudo fala a nosso respeito, inclusive os silêncios. Então, não falar significa perder oportunidades, muitas vezes. O que fazer? A saída está em *nos preparar* para reuniões e ocupar esses espaços com nossos propósitos.

Lembre-se das últimas reuniões das quais participou e como se saiu nelas. Você falou e compartilhou progressos? Sente que ganhou respeito das outras pessoas? Colocou o ponto de vista da sua equipe no debate?

Se acha que sua participação não contribuiu para maior visibilidade, o que aconteceu? Você se preparou para estar lá? Mesmo?

Essas reflexões são importantes para trazer consciência sobre quanto sua presença é notada ou não, dependendo de como você se coloca. A impressão que se tem a seu respeito é reforçada a cada contato. Dizem que a primeira impressão é a que fica, porém, talvez o mais importante seja reforçá-la a cada encontro. Quanto mais consistência no seu comportamento, mais difícil ficará de mudá-lo diante do olhar dos outros.

Nosso cérebro procura consistência. Se uma pessoa sempre age da mesma maneira, a tendência é formarmos uma opinião a respeito dela, como um todo, não só a respeito de comportamento ou atitude. Por exemplo: tenho uma cliente, que vou chamar de Fernanda. Ela sempre ficava quieta nas reuniões do comitê executivo. Mesmo sendo presidente de duas unidades de negócio na empresa, ela não se destacava perante o CEO e seus colegas da alta liderança. Durante uma reunião de feedback, ela recebeu do chefe a recomendação de "aparecer" mais, pois os colegas a estavam "jantando" pelas costas, questionando a capacidade dela de operar com destreza as seções pelas quais era responsável. Vieses inconscientes à parte, a impressão era de ela ser incompetente e fraca.

Quanto mais exerça o que julgava ser adequado — ser educada ao deixar os outros falarem, por exemplo —, mais sua imagem ficava corroída. Ela também considerava que buscar espaço nessas reuniões era um desgaste e que as pessoas sabiam dos resultados, por isso não fazia questão de se colocar.

Não era, portanto, o caso de ser fraca ou insegura, mas sim de não saber fazer a leitura adequada do ambiente da alta liderança nem se colocar nele de forma a demonstrar sua experiência, liderança e capacidade incríveis.

Propus para Fernanda que ela aplicasse os seis passos, que explicarei a seguir, quando estivesse liderando reuniões. O resultado foi que ela começou a se colocar nesses momentos de forma mais ativa, controlando a situação com consciência. Soube deixar sob seu manejo a percepção das pessoas a seu respeito, sem perder a integridade e a naturalidade, e conseguindo transmitir a mensagem que desejava.

Vamos explorar as duas formas de participar de reuniões: como líder e como participante. Ambas exigem preparos diferentes, mas têm algumas coisas em comum. Também é importante saber escolher a quais reuniões deve-se ir. Leve essas dicas para a vida e implemente sempre que estiver diante de uma situação formal.

SEIS PASSOS PARA APRENDER A LIDERAR REUNIÕES

Liderar uma reunião dá muito mais chances para você brilhar e conquistar a reputação que deseja. É o momento para trabalhar a promoção elegante dos resultados e se tornar visível para todos. É essencial se apropriar disso e agir de acordo.

Prepare-se para tomar as rédeas da reunião e se responsabilizar por todos os aspectos que levam ao resultado que você deseja.

1. Responda às perguntas estruturantes.

Minha primeira dica para se preparar para reuniões é pensar em duas perguntas — que, inclusive, guiaram minha apresentação no TEDx:

- Como eu quero que as pessoas me percebam nessa reunião?
- Qual meu objetivo para essa reunião?

Com as respostas a essas perguntas, você vai ter mais clareza de algo extremamente importante: seu objetivo e visibilidade. A partir delas, você vai construir seu encontro.

Quer ver um exemplo? Ana era recém-chegada à empresa. Apesar de muito experiente, achava prudente observar mais do que falar, ao menos nas primeiras reuniões. Era também a primeira vez que participava de um comitê de decisões comerciais e não tinha entendido ainda como era importante se apropriar do seu espaço, onde havia diretores e vice-presidentes influentes.

Eu a orientei a responder a essas duas perguntas antes de uma reunião em que ela seria chamada para se apresentar. Eis o que ela escreveu:

- Como eu quero que as pessoas me percebam nessa reunião?

Como uma líder experiente, segura e ousada.

- Qual meu objetivo para essa reunião?

Fazer com o que o comitê de decisão perceba as oportunidades que existem em outros nichos de mercado, algo que foi levantado a partir no novo fluxo de sondagens junto aos consumidores. Ela redesenhou esses nichos usando ferramentas inovadoras.

Na sequência, usamos as táticas utilizadas pelos palestrantes dos eventos TED, que são mundialmente famosos por entregar conteúdo de alta qualidade em pouco tempo. Eu as aprendi quando fui convidada, em 2016, para palestrar para eles.

2. Prepare-se como um palestrante do TED.

Para impactar a audiência e chegar aonde quer, você deve planejar a reunião se apropriando dos aspectos mais subjetivos. É por isso que as famosas palestras do TED são planejadas a partir de três questões:

- Como eu quero que as pessoas se sintam nessa reunião? Exemplos: quero que se sintam seguras, criativas ou confiantes? Defina isso.
- O que eu quero que pensem? Exemplos: que eu sou inovadora; sou muito segura do que estou fazendo; sou uma excelente líder, para além da capacidade técnica?
- O que eu quero que façam por mim ou meu time? Exemplos: quero que aprovem alguma ideia; falem com alguém de influência; concordem com meu pedido de orçamento?

O plano de Ana era abarcar uma classe de consumidores da periferia, um nicho ainda não explorado pela empresa, mas que ela conhecia muito bem. Ela sabia que poderia ser um projeto difícil de ser aprovado, e foi isso o que fez para se preparar e conseguir o que queria:

- Como quero que se sintam?

Fora da zona de conforto, chacoalhados, provocados, vendo fora da caixa.

- O que quero que pensem?

Que há uma oportunidade incrível fora da nossa zona habitual de clientes.

- O que quero que façam?

Que aprovem a ideia do novo produto proposto por mim.

Resultado: Ana chamou um grupo de mulheres advindas de uma comunidade da periferia para apresentar os dados estatísticos sobre essa camada de consumidores, reforçando o impacto positivo que o produto da empresa traria para a região. Mas foi inovador elas fazerem isso na forma de slam de poesia. As mulheres entraram na sala já declamando o número de moradores, de ruas, de faltas e de excessos do local, em rimas incríveis e de alto impacto. Foi um estrondo, foi lindo — e a ideia foi aprovada. Cá entre nós, demais essa história, né? Fico arrepiada toda vez que relembro!

3. **Convide as pessoas certas e valorize a presença delas.**
As pessoas têm tantas reuniões que chega a faltar tempo. Então, se você valoriza o tempo disponível e vai direto ao que interessa, a tendência é que se sintam respeitadas e colaborem mais.

Pense nisso ao fazer a lista das pessoas que precisam estar na reunião, ou que já estarão lá, como no caso da Ana, que participava de um comitê fixo.

No e-mail ou em qualquer outro meio que seja utilizado para formalizar convocatórias, descreva:

- O objetivo da reunião.
- Por que aquela pessoa precisa participar — dar uma opinião, aprovar um orçamento, se inteirar de alguma situação etc.

- O tempo que essa participação vai levar — se for necessário a pessoa ficar a reunião inteira, deixe isso claro. Do contrário, informe em que momento especificamente ela terá que entrar e por quanto tempo (se você souber).
- O que ela deve trazer ou preparar para a reunião. Exemplo: dados sobre o mercado, desempenho de algum produto, número de *prospects* etc.

4. Alinhe-se com as pessoas-chave.

Dependendo da relevância do assunto, é importante amarrar as pontas e fazer combinados com pessoas-chave estratégicas. Assim, você estará bem acompanhada e apoiada, fechando o cerco, caso necessário.

Você não quer ser sabotada ou que suas ideias sejam roubadas, por exemplo. Quando fui fazer a primeira apresentação de planejamento da área que tinha assumido, para o comitê executivo, não costurei as ideias antes com algumas pessoas-chave. O resultado? Eu achei que estava indo muito bem, mas mal comecei a falar e já fui ridicularizada por alguns diretores. Era uma reunião importante e saí queimada!

Depois, ouvi de um dos presentes que eu devia ter alinhado *antes* com ele para me apoiar, fazendo perguntas positivas e ajudando a construir minha reputação para o comitê. Nesse dia, aprendi que é essencial trocar ideias com a base antes de se expor em momentos importantes e sensíveis.

Em geral, nós, mulheres, não fazemos isso por acharmos esse comportamento antiético, mas não é. É nessas horas que a gente traz pessoas-chave para perto, reconhecendo a base de apoio. Isso dá resultado positivo.

5. Mapeie a audiência.

É preciso estar atenta aos presentes na reunião para não atacar pontos importantes que não deseja explorar no momento, como agendas ocultas de pessoas que podem se sentir impactadas por seu projeto, por exemplo.

Também é fundamental entender o perfil das pessoas convidadas. Mesmo que convide um por um, tenha certeza sobre perfil político, agendas, pontos sensíveis e até questões bem individuais: essa pessoa é detalhista, apressada, visual ou objetiva? Ela gosta de números? Tenha tudo isso em mente ao se preparar.

6. Previna-se de problemas.

O que isso significa? Olhe para a audiência e reflita: quais são as coisas ruins que podem acontecer? Alguém pode interferir, interromper ou roubar essa ideia? Alguém pode criticar, ignorar, "bater" em público ou humilhar você? Alguém pode pedir mais detalhes ou levantar algum outro tema que se relacione com o que você está falando — por exemplo, o impacto em outra área daquilo que você está propondo? Tudo isso é importantíssimo.

A tarefa é pensar em como se antecipar. Como prevenir cada um desses possíveis problemas? Se sabe que uma das pessoas é grosseira, como você se prepara? Nesses casos, por exemplo, pode fazer uma apresentação mais curta e à prova de erros, ou combinar uma estratégia com um aliado.

Se na sua audiência tem alguém que gosta de fazer perguntas e pedir dados, tenha as respostas na ponta da língua. Se a maioria do público for de pessoas objetivas, saiba que vão querer respostas imediatas. É muito importante, de alguma maneira, se antecipar ao maior número de questionamentos, perguntas e provocações que possam ser feitas ao longo da reunião.

Exercício: (Re)Planejando uma reunião
Prepare a próxima reunião que vai liderar seguindo os passos a seguir:

1. Determine o objetivo dessa reunião.
2. Determine como quer que as pessoas a percebam.
3. Prepare-se como um palestrante TED, perguntando-se: O que quero que as pessoas sintam, pensem e façam?
4. Convide as pessoas certas.
5. Ajude-as a se prepararem para essa reunião.
6. Amarre as pontas com sua base de apoio.
7. Conheça sua audiência.
8. Prepare-se para possíveis problemas.

Caso não tenha nenhuma reunião para liderar no curto prazo, escolha remontar uma reunião que já aconteceu. Para ajudar, reflita: o que você faria de diferente? Como foi sua participação e o que acha que faltou?

COMO PARTICIPAR DE REUNIÕES

Se for apenas participar de uma reunião, a palavra-chave é preparo. Quem não se prepara para reuniões acaba ficando quieto num canto, perdendo um espaço importante de fala que poderia ser usado para se posicionar, especialmente diante de pessoas que precisam ver você em ação.

Nem sempre dá para se preparar muito, ainda mais quando tem muitas reuniões. Mas você sempre pode fazer perguntas inteligentes, que tenham como foco os ORRs da empresa. Você precisa demonstrar saber o que está acontecendo e, se não se sentir confiante para fazer comentários, as perguntas podem ser uma ferramenta muito útil. Por exemplo: Bacana, Marcos, muito bom esse projeto. Fiquei pensando que ele poderia alavancar a meta de crescimento de 40% de participação na praça Y. Como você vê isso?

Por isso, prepare-se o máximo possível. Leia sobre o assunto, colete informações nos corredores ou com quem sabe do tema. E, claro, sempre conecte tudo o que sabe aos ORRs da empresa. Dessa forma, vai se sentir muito mais segura para falar e terá base para boas perguntas.

Vale repetir: liderar e participar de reuniões tem alguns pontos em comum. É essencial alinhar com as pessoas-chave quando for uma reunião importante, inclusive em relação às suas expectativas. Ler a audiência é sempre útil também, principalmente se considerar que as pessoas estão sempre nos avaliando, consciente ou inconscientemente. Dentre os participantes, quem pode apoiá-la? E quem pode representar uma ameaça?

Exercício:

Use os seis passos abaixo para planejar sua participação na próxima reunião importante que tiver. Comece declarando sua(s) meta(s), objetivamente e em termos de percepção.

1. Como deseja ser percebida? Como vai se posicionar durante a reunião para ser percebida dessa maneira?
2. O que vai ser discutido? Já conhece bem os tópicos ou precisa se informar mais? Invista tempo nisso.
3. Quais são os pontos que pode trazer para a reunião a fim de alcançar sua(s) meta(s)? Ou que perguntas inteligentes pode fazer?

4. Mapeie sua audiência — quem estará presente? Quem está em sua base de aliados? Onde essas pessoas estão no seu mapa de *stakeholder*?
5. Alinhe com a base de apoio se necessário.
6. Prepare-se para possíveis problemas.

COMO ESCOLHER DE QUAIS REUNIÕES PARTICIPAR?
Muitas vezes, minhas clientes se sentiram tímidas em reuniões porque não precisariam fazer parte de algumas. É preciso ter muita consciência de quais delas realmente valorizam sua presença. Então, coloque na ponta do lápis:

- Usando a fórmula que vimos, analise o convite. Essa reunião é relevante? Vai levar quanto tempo?
- Se tem uma escala baixa (ou seja, não envolve muitas pessoas estratégicas para você), pergunte-se se é possível mandar alguém no seu lugar.
- Se for relevante, pergunte a quem a convidou: qual a expectativa sobre sua participação na reunião? O que você precisa levar/preparar?
- Tem alguém importante que precise ver você em ação?

Se ficar em dúvida sobre ir ou não, ou se há duas reuniões importantes no mesmo horário, tenho um método avançado: diga que pode participar, mas tem apenas 15 minutos disponíveis. Pergunte em que momento pode contribuir mais, para que possa entrar e depois sair. O recurso do "só tenho 15 minutos" mostra que nosso tempo é precioso e não deve ser desperdiçado.

Uma dica que serve para qualquer tipo de reunião: nunca tome notas de cabeça baixa! Essa postura é simbólica demais. Não quero que você seja vista como uma "anotadora" de luxo. Não é para isso que você está ali.

Se não tiver jeito, anote as coisas principais, mas sem tirar os olhos de quem está se apresentando. Se estiver em uma reunião virtual, o truque é abrir um documento em branco no Word ou no bloco de notas e deixá-lo na altura dos olhos. Assim, você pode digitar sem abaixar a cabeça, sempre discretamente. Aproveite o tempo da reunião para fazer comentários ou perguntas inteligentes, que mostrem que você quer ver conexões entre o que está sendo apresentado e os grandes objetivos da empresa. Use essa fórmula e faça acontecer diferente. Cabeça baixa, nunca mais. Combinado?

Agora que já sabe como participar de uma reunião, vamos para o último passo do Método EMPODERA: Apresente-se com assertividade.

CAPÍTULO 12

APRESENTE-SE COM ASSERTIVIDADE

Apresentar-se é uma oportunidade de espalhar os resultados e reforçar sua reputação positiva. Assim como para liderar ou participar de reuniões, uma boa apresentação exige bastante preparação. Você já sabe disso e deve estar acostumada. Mas, se for como algumas de minhas clientes, pode estar perdendo uma chance de ouro sem saber.

Em geral, mulheres gostam de fazer *storytelling* na apresentação, mostrando todos os passos da história até os resultados. Mas o mundo corporativo é diferente da nossa lógica interna e o que devemos fazer para ampliar sua presença é atuar de maneira um pouco contraintuitiva.

Siga o seguinte passo a passo:

1. Primeiro, use a forma de organizar a apresentação de acordo com o objetivo, como apresentado no Capítulo 7, Priorize o que é estratégico. Pois bem, vamos usar essa sequência de perguntas:

    - O que desejo conseguir com essa apresentação, tanto objetivamente quanto em termos de percepção sobre mim?
    - Para chegar a essas metas, o que desejo que minha audiência sinta, pense e faça?

2. Com isso em mente, vamos virar a chave. **Você vai selecionar a informação mais relevante, de preferência na forma de números, dados ou fatos, e mostrar no primeiro slide.** Se quer mostrar os resultados do bimestre, por exemplo, não coloque no final: ele será seu *primeiro* slide. Os outros dados virão depois! A ideia aqui é entender o mais importante e mostrar às pessoas como você é capaz. Mostrar o resultado no meio da história é um tiro no pé. Sei que é contraintuitivo, mas, acredite, traga para o início o que importa. Isso gera um impacto bem mais positivo.

3. Nos slides seguintes, coloque o processo ou os recursos necessários para realizar o objetivo.

4. Lembre-se da audiência: são mais práticos, mais visuais, mais detalhistas? Tente se preparar o melhor que puder.

5. Use seis slides, no máximo. Mais do que isso, as pessoas começam a perder a atenção. Mantenha um assunto por slide.

6. Use os templates, fontes e cores propostos pela empresa. Ou seja, fique no padrão que se pede, para criar estabilidade na cabeça da audiência, que se sente mais segura assim.

7. Se você se sentir à vontade, seja bem-humorada na introdução. Evite a autodepreciação. Mas o humor é bem poderoso, constrói uma sensação legal e quebra o gelo. Vale dizer que isso só é válido caso a cultura da companhia permita brincadeiras. Eu mesma já me dei muito mal quando fiz um comentário na abertura de uma apresentação on-line com uma empresa oriental. Em uma cultura super-rígida, ficou chato fingir que brindava com a gerente que me recebia. Nem preciso dizer que ela ficou tão tensa que empalideceu. Então, avalie bem o uso do humor.

8. Se você tem problemas de nervosismo ao falar em público, sugiro fazer exercícios de respiração para se acalmar. Também é legal procurar na internet algumas técnicas de impostação de voz.
9. Pratique MUITO! Talvez você não fique satisfeita de primeira, mas não desista. As melhorias virão aos poucos — confie e siga praticando.

Um exemplo. Madalena era diretora financeira em um hospital e precisava aprovar um orçamento extra com o objetivo de contratar uma empresa que a auxiliasse a se preparar para um processo de certificação internacional.

Assim, bolamos uma apresentação para o comitê executivo, onde ela buscaria a verba:

- Slide 1: Número de itens que no ano anterior foram reprovados pela certificadora;
- Slide 2: O valor, em dólares, do prejuízo por não terem conseguido o certificado;
- Slide 3: O valor previsto do prejuízo caso não conseguissem de novo;
- Slide 4: O número de meses e de pessoas internas de que teriam que dispor para se preparar e a quantidade de processos que seriam auditados. Também colocamos o número de projetos que seriam deixados de lado, caso essas pessoas tivessem que se dedicar somente ao certificado, com o respectivo risco previsto;
- Slide 5: A solução do problema, ou seja, o nome de três empresas que poderiam auxiliar no processo de certificação, qual o tempo previsto para cada uma conseguir fazê--lo e qual o valor cobrado;

- Slide 6: A recomendação dela pela empresa X, em função do resultado positivo em outros três hospitais do mesmo nível deles.

Veja que ela apresentou a situação no primeiro slide e fez a "venda" a partir do quarto. Em cada um deles, muito pouco foi escrito, apenas o necessário para causar impacto e chamar atenção.

É importante dizer que em empresas onde a cultura é muito objetiva ou masculina, os números e infográficos são mais bem-vindos do que palavras e histórias. Considere a realidade da sua companhia, mas sempre traga a informação mais importante para a frente, de maneira simples, de preferência com fatos, dados ou números.

Exercício:
Prepare a próxima apresentação usando os seguintes passos:

1. Determine o objetivo dessa apresentação.
2. Determine como quer ser percebida pelas pessoas.
3. Prepare-se como uma palestrante TED, perguntando-se: O que eu quero que as pessoas sintam, pensem e façam?
4. Separe o fato, dado ou número mais importante e o apresente no primeiro slide.
5. Traga as informações necessárias nos slides seguintes, deixando claro do que você precisa em termos de recursos para obter o que quer ou o que precisa demonstrar, de maneira concisa e objetiva.
6. Use no máximo seis slides ou seis animações (se for usar um slide só com entrada e saída de informação).

7. Certifique-se de usar o template de apresentação utilizado pela empresa, caso ela tenha um.

Há quem diga que ter uma boa comunicação é essencial para ter sucesso em todos os setores da vida. No mundo corporativo, isso é verdade: saber se comunicar é tão importante quanto entender as regras do jogo e fazer uma boa entrega.

Mas vale fazer uma distinção importante: saber falar a língua corporativa não é sinônimo de se masculinizar nem de mudar o jeito de ser. Embora o mercado seja formado e pensado para homens, não quer dizer que você deva agir como um deles para ser bem-sucedida. É o contrário: ao dominar o jogo, você pode mudá-lo, tornando-o equânime para todos e todas.

Esse é o coração do meu método, a metodologia pensada e praticada com grande resultado por mulheres como você. Ele considera que somos diferentes dos homens e que queremos conquistar espaços sendo quem somos. Por onde começar? Sabendo para onde você quer ir.

Exercício: Como ganhar clareza para chegar aonde você quer

Agora que conhece o Método EMPODERA, é importante traçar um plano que seja claro sobre o que fazer, quando e por quê. Vamos usar a tabela a seguir como modelo:

OBJETIVO	Como está a situação hoje com relação a esse objetivo?	Como quero que esteja?	Quando quero ter chegado a esse ponto?	Por que quero conquistar esse objetivo?	Indicador de que consegui o que queria/atingi o objetivo
1					
2					
3					

Ao preencher a tabela ao lado, considere os passos abaixo:

1. Na primeira coluna, escreva qual é seu objetivo da forma mais simples possível. Quer chegar à diretoria? Receber aumento? Ter mais visibilidade? Aqui, seja direta. Importante: escolha no máximo três objetivos. Mais do que isso pode dificultar saber qual será prioridade.

2. Na segunda coluna, descreva como estão as coisas hoje com relação ao objetivo. Conte tudo o que puder. Exemplos: Hoje ninguém me escuta nas reuniões; não sou vista como líder; fico quieta nas reuniões importantes etc. Você se sente preterida pelos chefes? Está cansada de ir a reuniões sem sentido? Escreva isso.

3. Na terceira coluna, descreva como quer que a situação esteja no futuro. Quanto mais detalhes, mais fácil será visualizar esse futuro e se conectar com suas metas. Exemplos: Terei presença executiva importante; serei escutada e respeitada pelos meus superiores; minha gestora me elogiará em público etc.

4. Na quarta coluna, estipule uma data para ver esses objetivos concretizados.

5. Na quinta, vem uma das partes mais importantes. Por que quer conquistar esse objetivo? Pense profundamente na razão pela qual você o elegeu. De que forma ele valida sua vivência na empresa? O que pode acontecer quando realizá-lo? Quais novas possibilidades podem surgir para você dali em diante? Como se sentirá ao chegar lá?

6. Conecte-se profundamente com esses sentimentos, com essas emoções. Não deixe que escapem. Permita que guiem

==você na direção da resposta mais genuína.== Se o que vier for motivante e ao mesmo tempo desafiadora, acho que você encontrou um bom caminho para seguir!

7. Na última coluna, escreva o indicador que marcará sua conquista. Esse item costuma ser um pouco difícil de mapear, mas o truque que uso e costuma ajudar é bem simples: pense em algo tão concreto que, quando acontecer, você vai comemorar imediatamente. Por exemplo:

- E-mail de seu/sua superior com a notícia da sua promoção;
- Ok para seu projeto no final da reunião;
- A notícia da aprovação de seu aumento, ou do aumento da pessoa X do seu time;
- Sua chefe comunicando sua inclusão no comitê de sucessão ou o aumento do bônus.

Pronto. Você tem em mãos o plano de voo para seu processo de transformação. No próximo capítulo, vamos falar sobre como a gente resolve problemas típicos da corporação e para onde podemos crescer depois de mais EMPODERADAS.

CAPÍTULO 13

O NOVO JEITO DE TRABALHAR JÁ É FEMININO

As novas práticas empresariais já vêm privilegiando sistemas horizontais, colaborativos e inclusivos, com modelos de trabalho humanizados, empáticos, que tratam colaboradores como pessoas que pensam e sentem, e não como peças de uma engrenagem. Elas não seguem mais as velhas estruturas hierárquicas piramidais, em formato fálico.

Não é questão de modismo ou ideologia, mas sim um formato que se mostra mais sustentável e lucrativo. Se isso é hoje mais aplicado nas empresas mais jovens e enxutas, como as startups, que têm mais vocação e agilidade para inovar, em breve será uma realidade geral, uma prática adotada por todas as companhias, que se verão impelidas a se adaptar para sobreviver em um novo mundo, no qual as leis do patriarcado não são mais soberanas.

O modo de trabalho tem evoluído ao longo do tempo e muitas das mudanças refletem características que tradicionalmente são associadas a abordagens de trabalho femininas, como empatia, colaboração e flexibilidade. No entanto, é importante ressaltar que essas características não são apenas femininas, e sim qualidades que podem ser encontradas em todas as pessoas, independentemente do gênero. Aqui estão algumas maneiras pelas quais o modo de trabalho atual reflete características associadas a abordagens de trabalho consideradas femininas:

- **Colaboração e trabalho em equipe**: Muitas empresas passaram a valorizar a colaboração e o trabalho em equipe, o que se alinha a uma abordagem mais coletiva e inclusiva.
- **Comunicação e habilidades interpessoais**: As habilidades de comunicação eficaz e empatia são cada vez mais valorizadas. Essas são habilidades associadas a abordagens de trabalho que enfatizam a compreensão e o apoio mútuo.
- **Flexibilidade e adaptação**: A crescente ênfase na flexibilidade e na capacidade de adaptação às mudanças reflete uma abordagem que pode ser comparada à flexibilidade que muitas mulheres demonstram ao lidar com múltiplos papéis e responsabilidades.
- **Liderança transformadora**: O estilo de liderança transformadora, que se concentra em inspirar e empoderar os membros da equipe, é cada vez mais valorizado. Esse estilo é associado a abordagens de liderança colaborativas.
- **Equilíbrio entre trabalho e vida pessoal**: A busca por um equilíbrio saudável entre trabalho e vida pessoal é uma tendência crescente. Essa abordagem valoriza a importância de cuidar de si mesmo e de priorizar o bem-estar.
- **Valorização da diversidade e inclusão**: Muitas empresas estão se esforçando para criar ambientes de trabalho mais diversos e inclusivos, valorizando a contribuição de diferentes perspectivas — uma característica associada a abordagens que reconhecem a importância de ouvir e considerar várias vozes.

- **Ênfase no desenvolvimento pessoal e profissional**: A ênfase no desenvolvimento contínuo e na aprendizagem ao longo da vida reflete uma abordagem que valoriza a melhoria constante.

JORNADA AO TOPO

Várias vezes, dentro do Método EMPODERA, comento a importância de estar cercada de outras mulheres. Seja nas bases de apoio externas e internas, seja no time que responde diretamente para você, seja no alto escalão, as mulheres precisam estar presentes.

Para muitas de nós, a jornada até o topo foi, e ainda é, uma experiência solitária. Mas temos toda a capacidade de chegar lá e ir mais longe. Somos a maioria em universidades e em cursos de capacitação, segundo o relatório Education at Glance 2019. Estamos presentes na base da carreira, como já comentei aqui, e, desde 2015, o mercado está mudando por ter mais de nós.

Temos de nos lembrar de que não apenas estamos no mercado, e de que ele não foi cedido para nós por gentileza masculina. Hoje, nós *somos* o mercado e temos energia para transformá-lo. Isso se reflete em números. Em seu artigo para a *Business Insider*, em 2020, Sarah Lacy é firme ao afirmar:

> Não me diga que não temos o suficiente. Ao contrário de outros grupos pouco privilegiados, *nós temos números*. A indústria global de propaganda é baseada em conquistar as *mulheres*. As bilionárias do mundo têm, juntas, cerca de um trilhão de dólares em posses. Mulheres controlam 51% da riqueza nos Estados Unidos, *cerca de 22 trilhões de dólares*, uma porcentagem que está crescendo mesmo com a crise.

É fundamental lembrar que Lacy fala de mulheres brancas, norte-americanas e da classe média, que são privilegiadas em muitos aspectos. O cenário é diferente quando olhamos para diversidade de raça, sexualidade e local de nascimento.

Mas ela toca em um ponto importante: muitas empresas já colocam a diversidade como uma das grandes pautas do negócio. Existem inúmeras iniciativas que facilitam a chegada até o topo; alguns países têm até políticas públicas que advogam pelas mulheres. Muitos homens já mudaram de postura e nos enxergam como iguais. Porque, falando o português claro (ou melhor, a língua corporativa), diversidade e liderança feminina trazem lucro.

PESQUISAS APONTAM: SOMOS EXCELENTES
Em 2012, o então presidente do Banco Mundial, Robert Zoellick, disse no Fórum Econômico Mundial que empoderar mulheres rumo à liderança é fazer "economia inteligente". Ele não disse isso à toa: já na época, existiam estudos sobre como as mulheres no alto escalão trazem retorno econômico e social de grande impacto.

Um dos estudos mais famosos é o Women Matter, conduzido pela consultoria McKinsey entre 2007 e 2008. A provocação que motiva a pesquisa é bem clara: qual a relação entre a performance de uma empresa e a quantidade de mulheres nos times de liderança? Segundo o estudo, existem nove comportamentos de liderança que contribuem para a "excelência organizacional" da empresa, ou seja, uma performance incrível. São eles:

- Tomada de decisões coletivas;
- Profissional-modelo (ou seja, um bom exemplo para outros profissionais);

- Inspiração;
- Expectativas e prêmios;
- Desenvolvimento de pessoas;
- Estímulo intelectual;
- Comunicação eficiente;
- Tomada de decisões individualistas;
- Controle e ações corretivas.

Nove mil líderes ao redor do mundo foram entrevistados para essa pesquisa, que foi feita com autoavaliações e notas de times e colaboradores.

A liderança feminina atende a cinco desses nove pontos com uma frequência muito maior do que a masculina. Somos excepcionalmente boas em desenvolver pessoas e recompensá-las; também somos vistas como inspiradoras e profissionais-modelo com mais frequência. O quinto ponto de destaque é a tomada de decisões coletivas, que indica o pensamento global no todo da empresa.

Nessa pesquisa da McKinsey, a liderança masculina só se destacou em dois pontos: "controle e ação corretiva" e "tomada de decisões individualistas". É exatamente o que temos abordado ao longo deste livro. As pirâmides hierárquicas são construídas a partir do olhar individualista e de controle masculino, com ações punitivas para quem não joga o jogo corporativo.

É tão claro que isso é um problema estrutural que formas diferentes de trabalhar, como métodos Agile, já preveem formas alternativas de liderança. Falam em horizontalidade, cooperação, autogestão, coisas que mulheres fazem desde sempre.

DO VERTICAL PARA O HORIZONTAL

A transição de uma estrutura hierárquica e piramidal, mais masculina, para uma estrutura mais horizontalizada, mais feminina, é um processo complexo que envolve mudanças culturais, organizacionais e de gestão. Ela promove maior colaboração, agilidade, tomada de decisão participativa e inclusão. Aqui estão algumas maneiras pelas quais as empresas podem fazer essa transição:

- **Criação de equipes autônomas**: Em vez de departamentos rigidamente hierárquicos, as empresas podem criar equipes autônomas ou unidades de negócios que tenham mais responsabilidade pela tomada de decisões e pela execução de tarefas.

- **Tomada de decisão distribuída**: Em vez de concentrar a tomada de decisões no topo da hierarquia, as empresas podem descentralizar esse processo, permitindo que os funcionários em vários níveis contribuam.

- **Comunicação aberta e transparente**: Uma cultura de comunicação aberta, na qual as informações são compartilhadas, ajuda a quebrar as barreiras hierárquicas e a permitir que os funcionários tenham uma compreensão mais ampla do funcionamento da empresa.

- **Liderança participativa**: Os líderes podem adotar um estilo de liderança mais participativo, envolvendo os funcionários na tomada de decisões e ouvindo opiniões e ideias.

- **Foco em habilidades e competências**: Em vez de usar como base apenas a hierarquia, as promoções podem ser baseadas em habilidades, competências e contribuições individuais, permitindo que pessoas talentosas assumam papéis de liderança independentemente do cargo atual.

- **Incentivo à inovação**: Culturas horizontais valorizam a inovação. As empresas podem criar espaços para colaboração, experimentação e criação, incentivando novas ideias de todos os níveis.

- **Estrutura de redes e colaboração**: As empresas podem criar redes de equipes interconectadas em vez de linhas hierárquicas rígidas, permitindo maior colaboração e compartilhamento de conhecimento.

- **Desenvolvimento de habilidades de liderança**: Líderes precisam de habilidades para apoiar uma estrutura horizontal. Isso inclui a capacidade de facilitar, ouvir, orientar e permitir que os membros da equipe se destaquem.

- **Avaliação de desempenho holística**: As avaliações de desempenho podem ser ampliadas para incluir uma variedade de critérios, como contribuições para a equipe, habilidades de colaboração e iniciativas de desenvolvimento pessoal.

- **Investimento em tecnologia colaborativa**: Ferramentas de colaboração e comunicação on-line podem facilitar a troca de ideias e informações entre funcionários em diferentes níveis da organização.

- **Mentoria e desenvolvimento individual**: Investir em mentoria e desenvolvimento pessoal pode ajudar os funcionários a adquirir habilidades e confiança necessárias para se engajar efetivamente em uma estrutura mais horizontal.

- **Revisão das políticas de recursos humanos**: As políticas de RH, como estruturas de remuneração e critérios de promoção, podem ser revisadas para apoiar a nova abordagem.

É importante notar que a transição para uma estrutura mais horizontalizada não é uma mudança única, mas um processo contínuo que requer o comprometimento de toda a organização, incluindo a liderança e os funcionários. A colaboração e a comunicação constante são essenciais para garantir que a nova abordagem funcione de forma eficaz.

Em junho de 2019, a Harvard Business Review (HBR) conduziu um estudo similar ao da McKinsey, mas focado em habilidades que são positivas para a liderança. Os resultados são ainda mais assombrosos: dos 19 critérios listados, mulheres são mais bem-sucedidas em 17 deles.

Capacidade	Percentual feminino	Percentual masculino
Toma iniciativa	55,6	48,2
Resiliência	54,7	49,3
Pratica autodesenvolvimento	54,8	49,6
Se move por resultados	53,9	48,8
Mostra muita integridade e honestidade	54	49,1
Desenvolve outros	54,1	49,8
Inspira e motiva outros	53,9	49,7
Liderança ousada	53,2	49,8
Constrói relações	53,2	49,9
Celebra a mudança	53,1	49,8
Estabelece metas flexíveis	52,6	49,7

Colaboração e trabalho de time	52,6	50,2
Se conecta com o mundo externo	51,6	50,3
Comunica de forma poderosa e prolífica	51,8	50,7
Resolve problemas e analisa dificuldades	51,5	50,4
Velocidade de liderança	51,5	50,5
Sabe inovar	51,4	51
Tem expertise profissional ou técnica	50,1	51,1
Desenvolve perspectiva estratégica	50,1	51,4

Fonte: Zenger Folkman 2019 e HBR.

Trazer mais mulheres para sua rede de contato é algo que precisa ser priorizado na sua carreira. Dessa forma, cria-se uma realidade em que mulheres vibram com o sucesso umas das outras, recompensam o trabalho feito e servem de inspiração para as novas gerações. Mulheres que se comunicam, inovam e deixam legado.

Mulheres são muitas vezes engenheiras de pontes afetivas, mas também podem ser engenheiras de relações que fortalecem seu jogo. Dessa forma, você vai ter colegas e chefes que não a vejam como inimiga ou ameaça, e sim como construtora de um mundo diferente. É importante conversar abertamente com essas mulheres, quer elas sejam suas chefes ou suas colegas.

Os velhos modelos de mercado estão morrendo a olhos vistos. Nosso planeta e nossa economia precisam disso. Um estudo da Harvard Business Review de 2018 sobre o mercado de capital de risco, que é majoritariamente masculino, foi categórico: quanto mais similares são os sócios, mais baixa é a performance. Para melhorar, "as empresas que aumentaram a proporção de contratações de parceiras femininas em 10% tiveram, em média, um aumento de 1,5% nos retornos gerais do fundo a cada ano e tiveram saídas 9,7% mais lucrativas".

Além disso, uma pesquisa de outubro de 2018, da Deloitte, uma das maiores consultorias e auditorias para empresas, apontou que companhias com culturas inclusivas têm seis vezes mais chances de ser inovadoras. Isso já é muito legal, mas também se reflete nos lucros: essas mesmas empresas têm duas vezes mais chances de atingir as metas financeiras no ano.

Não estou idealizando a importância da liderança feminina. Estou falando de fatos, números e pesquisas organizados por alguns dos órgãos de performance corporativa mais influentes que existem. Somos líderes mais flexíveis, inovadoras e empáticas, e essas são habilidades que vão transformar o mundo.

APRENDENDO COM AS MELHORES PRÁTICAS

Inspirada pelo levantamento da HBR de abril de 2020 e pelas dicas de liderança que homens podem aprender com mulheres, escritas por Cindy Gallop e Tomas Chamorro-Premuzic, decidi esmiuçar cada um dos nossos pontos fortes e dar dicas práticas de como aplicar essas habilidades no seu dia a dia.

Vamos lá?

No levantamento da Harvard Business School, existem 19 práticas essenciais para o bom profissional de liderança. Como já mencionamos, a maioria delas já é realizada por mulheres. Você vai notar que todas essas práticas se relacionam bastante ao que já citei no Método EMPODERA. Avalie todas as práticas com recorte de gênero. Para cada atributo, dê uma nota para si mesma. Esse vai ser o registro do começo da jornada. Quantas delas você tem usado, hoje, para celebrar outras mulheres? Você deve responder cada uma delas com SIM ou NÃO, anotando sua resposta ao lado.

PRÁTICAS DA HARVARD BUSINESS SCHOOL
PARA BOA LIDERANÇA

Toma iniciativa	
Boas práticas: Lidero reuniões. Assumo novos projetos. Penso antecipadamente nos ORRs da empresa e tomo a dianteira para usá-los de forma estratégica.	
Minha nota geral:	Ajudo outras mulheres com isso?

Resiliência	
Boas práticas: Encaro o trabalho como um jogo. Entendo o tempo de cada processo. Respeito o tempo do time e da empresa, sem deixar de mexer as peças para facilitar minha subida e a de outras pessoas.	
Minha nota geral:	Ajudo outras mulheres com isso?

Pratica autodesenvolvimento	
Boas práticas: Faço consultorias e mentorias. Tenho contato estratégico com a liderança. Peço ajuda quando possível. Faço cursos e treinamentos sobre minha área e sobre liderança. Tenho apoio de um consultor, facilitador ou coach. Busco referências femininas para me inspirar.	
Minha nota geral:	Ajudo outras mulheres com isso?

Se move por resultados	
Boas práticas: Crio oportunidades para brilhar. Penso em projetos que respondam aos ORRs da empresa. Acelero iniciativas que possam gerar visibilidade para minha equipe em busca de resultados. Encorajo outras mulheres a participarem e se engajarem em minhas ideias.	
Minha nota geral:	Ajudo outras mulheres com isso?

Mostra muita integridade e honestidade	
Boas práticas: Cumpro a palavra dada. Resolvo questões e ponho por escrito para ter prova caso seja questionada. Garanto que minha equipe não será prejudicada por práticas ruins de outros times.	
Minha nota geral:	**Ajudo outras mulheres com isso?**

Desenvolve outros	
Boas práticas: Ensino e ofereço mentoria para meu time. Quero que outras pessoas cresçam a ponto de poderem ocupar meu lugar. Facilito a compra de cursos e treinamentos que tornem meu time um verdadeiro *dream team*.	
Minha nota geral:	**Ajudo outras mulheres com isso?**

Inspira e motiva outros	
Boas práticas: Confio inteiramente na excelência do meu time e os motivo para buscarem mais. Ofereço boas práticas de trabalho.	
Minha nota geral:	**Ajudo outras mulheres com isso?**

Liderança ousada	
Boas práticas: Não tenho medo de arriscar novas ideias, práticas e abordagens com pares e superiores. Gosto de descobrir novas maneiras de levar meu time para onde é preciso. Tenho uma relação mútua de confiança com meu time e, por isso, me sinto livre para inovar.	
Minha nota geral:	**Ajudo outras mulheres com isso?**

Constrói relações	
Boas práticas: Consigo construir pontes com pares, colegas e chefia de forma orgânica, sem forçar situações e sem me esconder. Não tenho vergonha de criar relações com superiores. Estou atenta às mulheres ao redor e consigo trocar experiências.	
Minha nota geral:	**Ajudo outras mulheres com isso?**

Celebra a mudança
Boas práticas: Tenho uma atitude otimista em relação a mudanças e sou flexível a ponto de acolher meu time e outras pessoas que possam precisar de mim, mesmo em situações a princípio delicadas.

Minha nota geral:	Ajudo outras mulheres com isso?

Estabelece metas flexíveis
Boas práticas: Sou exigente, mas realista em relação a metas e prazos. Estou atenta ao contexto do meu time e do ambiente ao redor.

Minha nota geral:	Ajudo outras mulheres com isso?

Colaboração e trabalho de time
Boas práticas: Confio no meu time integralmente para encorajar colaboração entre eles e outros times. Sou parceira de forma estratégica de meus pares e não me sobrecarrego ou trabalho excessivamente. Sei delegar.

Minha nota geral:	Ajudo outras mulheres com isso?

Se conecta com o mundo externo
Boas práticas: Estou atenta a mudanças dentro e fora do ambiente de trabalho e consigo prever reações e impactos na companhia.

Minha nota geral:	Ajudo outras mulheres com isso?

Comunica de forma poderosa e prolífica
Boas práticas: Treino minhas habilidades de comunicação e me esforço para ser transparente com meu time. Deixo tudo às claras. Ao marcar reuniões, explico o objetivo da reunião para cada pessoa envolvida nela.

Minha nota geral:	Ajudo outras mulheres com isso?

Resolve problemas e analisa dificuldades
Boas práticas: Tenho olhar estratégico para conflitos e sei identificá-los antes que aconteçam, mesmo que seja para minimizar os efeitos. Consigo moderar conflitos entre pessoas da equipe e outros pares.

Minha nota geral:	**Ajudo outras mulheres com isso?**

Velocidade de liderança
Boas práticas: Tenho agilidade e priorização afiadas em meu escopo de trabalho e em sintonia com os ORRs. Também tenho uma base de apoio que facilita meu trabalho.

Minha nota geral:	**Ajudo outras mulheres com isso?**

Sabe inovar
Boas práticas: Gosto de inovação e pesquiso novas formas de trabalhar. Acredito em trabalho cooperativo, menos competitivo e agressivo.

Minha nota geral:	**Ajudo outras mulheres com isso?**

Tem expertise profissional ou técnica
Boas práticas: Tenho grande conhecimento técnico da minha área, dos trâmites de liderança. Sei lidar com equipes. Estimulo outras mulheres a aprenderem e se capacitarem igualmente.

Minha nota geral:	**Ajudo outras mulheres com isso?**

Desenvolve perspectiva estratégica
Boas práticas: Conheço os ORRs da empresa e eles são minha bússola. Sei aonde quero chegar e quais os caminhos possíveis para crescer por meio de bases sólidas de apoio, metas estabelecidas e comunicação genuína, que me permitem crescer no jogo corporativo.

Minha nota geral:	**Ajudo outras mulheres com isso?**

Ainda que você não se dê nota máxima em todos os quesitos, tenho certeza de que já reconhece seus pontos fortes e que entende seu valor. Você é, sim, uma profissional ótima e, se deseja quebrar os tetos de vidro, deve contar com mais do que trabalho bem-feito. Precisamos de visibilidade e ajudar umas às outras.

Se você precisa tirar uma única lição deste capítulo, é esta: crie pontes. Elas facilitam a passagem, seja para você crescer dentro da empresa, seja para levar outras mulheres consigo. Ter mais líderes mulheres equilibra as forças do feminino e do masculino no mundo corporativo, promove mudanças reais e compromisso com a palavra dada pela empresa.

Gosto muito de uma fala que Vallerie Keller pronunciou no Fórum Econômico Mundial, em 2012: "Quando temos diversidade de pensamento, diversidade de estilos de liderança, nós — todos nós — somos mais bem governados e crescemos de forma mais sustentável. Nossas metas de paz e prosperidade, pelas quais a humanidade está se esforçando, são muito mais alcançáveis quando todas as pessoas talentosas contribuem."

E digo mais: ter a parceria de mulheres torna a escalada muito menos solitária. Ver mais mulheres nos espaços de liderança é, sim, um movimento transformador, necessário e lucrativo, mas também muito bom.

CAPÍTULO 14

A REVOLUÇÃO ACONTECERÁ DE DENTRO PARA FORA

A revolução no modo de trabalhar acontecerá de dentro para fora. Não podemos nem devemos esperar que os homens façam alguma coisa para mudar o cenário atual. Eles não farão, pois o *status quo* foi criado por eles e sempre lhes foi confortável. A mudança, a revolução, precisa ser feita pelas mulheres. Precisamos estar dentro da estrutura corporativa, assimilando, para começar, como ela funciona, e depois a modificando.

Se a estrutura, atualmente, é piramidal, vamos mudar. Uma pirâmide invertida é mais parecida com um útero, uma figura feminina. E se a base para subir hoje é estreita, vamos alargá-la cada vez mais. Ou melhor, vamos aos poucos destruindo essa ponta e todas as hierarquias, até que só reste uma grande estrutura horizontal, composta de homens e mulheres.

Para isso, basta ir "puxando" para cima e para os lados cada vez mais mulheres. É fundamental que as mulheres que estão liderando grandes empresas disseminem as novas formas de trabalhar e tragam para seu lado outras mulheres, em uma grande estrutura horizontal colaborativa e cooperativa. Uma grande rede sustentável, na qual ninguém precise eliminar ninguém para sobreviver, e não prevaleçam a lei do mais forte e a agressividade. Os prêmios não vão mais envolver recursos escassos, para apenas uma pessoa em detrimento de outras. Teremos um mundo de abundância, com recursos para todos — uma mentalidade feminina, que busca nutrir, acolher e atender às necessidades de cada um.

Nós, mulheres, temos um papel crucial na mudança desse cenário empresarial, cujos altos cargos foram historicamente dominados por homens. Mulheres em posições de liderança podem atuar como mentoras para outras mulheres, fornecendo orientação, compartilhando experiências e ajudando-as a desenvolver habilidades e carreiras. Além disso, podem promover ativamente as mulheres para oportunidades e cargos mais altos, ajudando-as a superar barreiras invisíveis.

Podemos defender uma cultura empresarial que valorize a diversidade e a inclusão, promovendo políticas de recrutamento equitativas, incentivando a representação de outras mulheres em comitês de liderança e garantindo que as vozes de todos sejam ouvidas. Podemos criar redes de apoio entre nós nas empresas, compartilhando conhecimentos, oportunidades e recursos. Ter uma rede sólida pode ajudar a superar desafios e a aumentar a visibilidade.

Podemos trazer uma abordagem de liderança autêntica, valorizando nossas experiências e qualidades, o que pode criar uma cultura mais diversificada e inclusiva. Mulheres em cargos de liderança sinalizam um comportamento inclusivo, que ouve e reconhece diferentes perspectivas, e promovem um ambiente onde todos se sintam valorizados.

Podemos advogar por políticas e práticas que estimulem a equidade de gênero, como licença parental igualitária, flexibilidade no trabalho e oportunidades iguais de ascensão profissional. É importante que nos sintamos à vontade para destacar nossas conquistas e habilidades, quebrando o estigma associado à autopromoção. Isso é o que vai ajudar a mostrar o valor que trazemos para a mesa. Participar sempre que pudermos de programas de desenvolvimento de liderança, treinamentos e workshops pode fortalecer as habilidades necessárias para posições de alto nível.

Usar as redes sociais e outras plataformas para discutir questões de igualdade de gênero e promover a conscientização sobre a importância da representação feminina nos altos cargos pode ser extremamente valioso. A jornada para quebrar barreiras de gênero pode ser desafiadora, mas manter a persistência, a resiliência e a determinação é fundamental para superar obstáculos e inspirar outras mulheres a seguir o mesmo caminho.

Mudar o cenário empresarial requer esforços coletivos, e somos nós que vamos desempenhar o papel fundamental nesse processo. Ao trabalhar juntas e aproveitar nossas experiências e habilidades únicas, poderemos contribuir para a construção de um ambiente de trabalho mais diversificado, inclusivo e equitativo.

É pensando diferente que vamos encontrar maneiras sustentáveis de manter as empresas funcionais e o planeta funcionando. Assim, as próximas gerações vão ter um lugar para viver bem e conquistar ainda mais, em uma sociedade melhor não apenas para as mulheres, mas para todos.

Nossa maior prerrogativa é a cooperação. E não estamos sozinhas. Somos muitas. Somos incríveis. Somos parte vital dessa transformação. Mesmo com passos lentos, porém, constantes, poderemos chegar aonde queremos.

Precisamos manter nossa essência feminina. Precisamos ser firmes e convictas, mesmo quando exigirem o retrocesso, mesmo quando o mercado exigir que voltemos e nos tornemos duras e masculinizadas, ou o oposto, subservientes e conformadas. Precisamos planejar, concretizar, quebrar as barreiras nas bases, que hoje continuam tão sólidas, com comunicação transparente, estratégica e vozes que nos endossem.

Essa mudança vai acontecer de dentro para fora. Não adianta querermos mudar individualmente. Esse movimento precisa ser coletivo, com a força do grupo. Nós precisamos entender muito bem nosso valor e papel no mundo. Reconhecer o poder de transformar a vida de todas as mulheres que serão inspiradas pela nossa liderança. Não se trata apenas de fazer uma boa carreira. Quando mudarmos a condição de trabalho para uma mulher, abriremos a possibilidade para mudar para todas.

E isso, acredite, mudará o mundo. É possível!

Para mim, essa é uma missão de vida. Eu confio que é possível. Será!

AGRADECIMENTOS

Gostaria de dedicar este momento para expressar minha sincera gratidão a todas as pessoas que desempenharam papéis cruciais na criação deste livro. Cada uma de vocês foi uma fonte inestimável de apoio e inspiração.

Em primeiro lugar, agradeço aos meus queridos filhos, Olivia e Benjamin. Seu amor, apoio e alegria foram a força motriz por trás deste projeto. Suas risadas, abraços e compreensão nos momentos de dedicação foram a luz que iluminou meu caminho.

Ao meu companheiro, Patrice, expresso meu profundo agradecimento. Sua paciência, incentivo e amor constante foram a âncora que me manteve centrada durante os desafios deste percurso. Compartilhar esta jornada ao seu lado foi um privilégio.

Às minhas clientes e alunas, agradeço por sua confiança e por compartilharem suas histórias comigo. Suas experiências foram uma fonte de inspiração e enriquecimento para este livro. Cada interação moldou a narrativa de uma maneira única.

À minha talentosa equipe de marketing e mídias sociais, expresso minha gratidão pelo esforço excepcional na promoção deste livro. Seu trabalho estratégico e criativo trouxe visibilidade e impacto, conectando-me com leitoras de maneiras inesperadas e valiosas.

À minha editora na Rocco, Ana Lima, e à Daniela Folloni, da Authoria, expresso minha gratidão por seu suporte calmo e direcionador. À Claudia Fusco, por ter me ajudado a costurar as ideias iniciais e ter dado contorno à pesquisa. À minha mentora Danyelle Sakugaya, cuja orientação foi uma fonte inestimável de insights e sabedoria.

Um agradecimento especial à minha agente literária, Alessandra Gelman Ruiz: sua fé neste projeto, sua fé em mim e sua capacidade de enxergar longe transformaram este livro em uma obra que estou orgulhosa de apresentar ao mundo.

Obrigada a todos que tornaram este livro uma realidade. Sua contribuição é eternamente apreciada.

Com apreço,
Karinna

São Paulo, março de 2024

REFERÊNCIAS BIBLIOGRÁFICAS

LIVROS

BRANDON, Rick; SELDMAN, Marty. *Survival of the Savvy: High--Integrity Political Tactics for Career and Company Success*. Nova York, Free Press: 2004.

FRIEDAN, Betty. *A mística feminina*. Rio de Janeiro: Rosa dos Tempos, 2020.

HENDRICKS, Gay. *The Big Leap: Conquer Your Hidden Fear and Take Life to the Next Level*. Nova York: Harper One, 2009.

KANTER, Rosabeth Moss. *Men and Women of the Corporation*. Nova York: Basic Books, 1993.

LODEN, Marilyn. *Liderança feminina: Como ter sucesso nos negócios sendo você mesma*. São Bernardo do Campo: Bandeirante, 1988.

MORRISON, Ann M.; WHITE, Randall P.; VELSOR, Ellen Van. *Breaking the Glass Ceiling: Can Women Reach the Top of America's Largest Corporations?* Updated Edition. Beverly, MA: Personnel Decisions, 1982/1991.

MURDOCK, Maureen. *A jornada da heroína*. Rio de Janeiro: Sextante, 2022.

SANDBERG, Sheryl. *Faça acontecer*. São Paulo: Companhia das Letras, 2013.

WARNER, Marina. *Da fera à loira*. São Paulo: Companhia das Letras, 2000.

YOUNG, Valerie. *The Secret Thoughts of Successful Women: And Men: Why Capable People Suffer from Impostor Syndrome and How to Thrive in Spite of It*. Nova York: Crown Business, 2011.

ZENGER, Jack. *The Confidence Gap in men And Women: How to Overcome It*. Zenger Folkman. Orem, UT. Janeiro, 2021.

ARTIGOS E MATÉRIAS

100 Women: "Why I Invented the Glass Ceiling Phrase". *BBC News*, dezembro de 2017. Disponível em: https://www.bbc.com/news/world--42026266

Assédio sexual não tem graça. *Folha de S.Paulo*, outubro de 2020. Disponível em: https://www1.folha.uol.com.br/opiniao/2020/10/assedio-sexual-nao-tem-graca.shtml

Metade das mulheres deixa o mercado de trabalho um ano após o início da licença-maternidade. *Jornal Extra*, março de 2018. Disponível em: https://extra.globo.com/economia-e-financas/emprego/metade-das-mulheres-deixa-mercado-de-trabalho-um-ano-apos-inicio-da-licenca-maternidade-22458435.html

Desigualdade de gênero no mercado de trabalho: Mulheres ainda ganham menos que os homens. *Catho Comunicação*, 23 de março de

2021, atualizado em 18 de maio de 2023. Disponível em: https://www.catho.com.br/carreira-sucesso/carreira/comportamento-3/desigualdade-de-genero-no-mercado-de-trabalho-mulheres-ainda-ganham-menos-que-os-homens/

IBGE – Instituto Brasileiro de Geografia e Estatística – Pesquisa Nacional por Amostra de Domicílios Contínua – Primeiro Trimestre de 2023, janeiro a março de 2023, publicada em 18/05/2023. Disponível em: https://ftp.ibge.gov.br/Trabalho_e_Rendimento/Pesquisa_Nacional_por_Amostra_de_Domicilios_continua/Trimestral/Fasciculos_Indicadores_IBGE/2023/pnadc_202301_trimestre_caderno.pdf

Participação de mulheres no mercado de trabalho é inferior à dos homens. *CNN Brasil*, março de 2022. Disponível em: https://www.cnnbrasil.com.br/economia/participacao-de-mulheres-no-mercado-de-trabalho-e-20-inferior-a-dos-homens/

Mulheres ocupam 38% dos cargos de liderança no Brasil, revela pesquisa da Grant Thornton, março de 2022. Disponível em: https://www.grantthornton.com.br/sala-de-imprensa/women-in-business-2022/

Mulheres ocupam apenas 29% dos cargos de liderança na indústria brasileira. *G1*, março de 2023. Disponível em: https://g1.globo.com/df/distrito-federal/noticia/2023/03/08/mulheres-ocupam-apenas-29percent-dos-cargos-de-lideranca-na-industria-brasileira-diz-pesquisa.ghtml

Com 34%, Brasil supera índice mundial de mulheres à frente de empresas médias. *CNN Brasil*, março de 2022. Disponível em: https://

www.cnnbrasil.com.br/economia/com-34-brasil-supera-indice-mundial-de-mulheres-a-frente-de-empresas-medias/

Mulheres não chegam a 40% dos cargos gerenciais, diz estudo da FGV. *InfoMoney*, março de 2023. Disponível em: https://www.infomoney.com.br/carreira/mulheres-nao-chegam-a-40-dos-cargos-gerenciais-diz-estudo-da-fgv/

FEIJÓ, Janaína. *Diferenças de gênero no mercado de trabalho*. 8 de março de 2023. Disponível em: https://portal.fgv.br/artigos/diferencas-genero-mercado-trabalho

Mulheres sofrem cinco vezes mais assédio sexual no trabalho, aponta estudo. *Veja*, junho de 2023. Disponível em: https://veja.abril.com.br/coluna/radar-economico/mulheres-sofrem-cinco-vezes-mais-assedio-sexual-no-trabalho-aponta-estudo#

O ciclo do assédio sexual no ambiente de trabalho. *Think Eva*, 2020. Disponível em: https://thinkeva.com.br/estudos/o-ciclo-do-assedio-sexual-no-ambiente-de-trabalho/

Quase metade das mulheres já sofreu assédio sexual no trabalho; 15% delas pediram demissão, diz pesquisa. *G1*, outubro de 2020. Disponível em: https://g1.globo.com/economia/concursos-e-emprego/noticia/2020/10/08/quase-metade-das-mulheres-ja-sofreu-assedio-sexual-no-trabalho-15percent-delas-pediram-demissao-diz-pesquisa.ghtml

76% das mulheres já sofreram violência e assédio no trabalho. *Instituto Patrícia Galvão*, 2020. Disponível em: https://dossies.

agencia-patriciagalvao.org.br/violencia-em-dados/76-das-brasileiras-ja-sofreram-violencia-e-assedio-no-trabalho/

72% das mulheres sofreram assédio no trabalho, aponta pesquisa da Aberje. *Exame*, maio de 2022. Disponível em: https://exame.com/esg/72-das-mulheres-sofreram-assedio-no-trabalho-aponta-pesquisa-da-aberje/

48% das mães ficam desempregadas no primeiro ano após o parto. *Universa UOL*, agosto de 2017. Disponível em: https://www.uol.com.br/universa/noticias/redacao/2017/08/28/48-das-maes-ficam-desempregadas-no-primeiro-ano-apos-o-parto.htm

Deloitte: https://www2.deloitte.com/xe/en/insights/focus/cio-insider-business-insights/perspectives-on-gender-diversity-and-inclusion.html

Diversity, Equity, and Inclusion. *Boston Consulting Group*, 2022. Disponível em: https://www.bcg.com/pt-br/capabilities/diversity-inclusion/overview

EILPERIN, Juliet. Obama Calls New Women's Rights Memorial "a Centerpiece for the Struggle for Equality". *Washington Post*, abril de 2016. Disponível em: https://www.washingtonpost.com/news/post-politics/wp/2016/04/11/obama-to-designate-a-national-monument-in-d-c-to-honor-womens-equality-tuesday/

Women in the Workplace 2023. *McKinsey & Company*, 2023. Disponível em: https://www.mckinsey.com/featured-insights/diversity-and-inclusion/women-in-the-workplace

How to Fix the Broken Rung. *Forbes*, dezembro de 2019. Disponível em: https://www.forbes.com/sites/shelleyzalis/2019/12/10/how-to-fix-the-broken-rung/?sh=2a89d57966ab

KASHYAP, Vartika. Active vs. Productive. Which One Are You? LinkedIn Pulse, setembro de 2016. Disponível em: https://www.linkedin.com/pulse/active-vs-productive-which-one-you-vartika-kashyap/

The Problem with Being "Badass". *The Guardian*, dezembro de 2015. Disponível em: https://www.theguardian.com/lifeandstyle/2015/dec/07/problem-being-badass-feminism-women-behave-like-men

Men Adrift. *The Economist*, maio de 2015. Disponível em: https://www.economist.com/essay/2015/05/28/men-adrift

Yes, Impostor Syndrome Is Real. Here's How to Deal With It. *Time*, junho de 2018. Disponível em: https://time.com/5312483/how-to-deal-with-impostor-syndrome/

White House Women Want to Be in the Room Where It Happens. *Washington Post*, setembro de 2016. Disponível em: https://www.washingtonpost.com/news/powerpost/wp/2016/09/13/white-house-women-are-now-in-the-room-where-it-happens/

The Amazing Tool That Women in the White House Used to Fight Gender Bias. *Vox*, setembro de 2016. Disponível em: https://www.vox.com/2016/9/14/12914370/white-house-obama-women-gender-bias-amplification

I'm a Woman Who Spent 20 Years in Male-dominated Silicon Valley Spaces. Women Should Ditch "Leaning in" and Try Another Way to

REFERÊNCIAS BIBLIOGRÁFICAS

Get Ahead. *Business Insider*, novembro de 2020. Disponível em: https://www.businessinsider.com/why-working-women-should-ditch-leaning-in-lean-together-instead-2020-11

Women Bullied at Work: Here's Why Your Female Boss Doesn't Support You. *Forbes*, fevereiro de 2020. Disponível em: https://www.forbes.com/sites/heidilynnekurter/2020/02/19/women-bullied-at-work-heres-why-your-female-boss-dislikes-you/?sh=c58859654b30

Women Political Leaders Key to "More Equal and Caring Societies". *King's College London*, julho de 2020. Disponível em: https://www.kcl.ac.uk/news/women-political-leaders-key-to-more-equal-and-caring-societies

Why We Need More Women Leaders. *Fórum Econômico Mundial*, março de 2012. Disponível em: https://www.weforum.org/agenda/2012/03/why-we-need-more-women-leaders/

Women Matter: Ten Years Insights on Gender Diversity. *McKinsey & Company*, outubro de 2008. Disponível em: https://www.mckinsey.com/featured-insights/gender-equality/women-matter-ten-years-of-insights-on-gender-diversity

Women Score Higher Than Men in Most Leadership Skills. *Harvard Business School*, junho de 2019. Disponível em: https://hbr.org/2019/06/research-women-score-higher-than-men-in-most-leadership-skills?registration=success

The Other Diversity Dividend. *Harvard Business Review*, julho de 2018. Disponível em: https://hbr.org/2018/07/the-other-diversity-divi dend

Women in Leadership Roles is More Important Than Ever, Here's Why. *Fórum Econômico Mundial*, março de 2020. Disponível em: https://www.weforum.org/agenda/2020/03/more-women-in-leadership-shouldnt-matter-but-it-really-does/

7 Leadership Lessons Men Can Learn from Women. *Harvard Business Review*, abril de 2020. Disponível em: https://hbr.org/2020/04/7-leadership-lessons-men-can-learn-from-women

Two Worlds of Female Labour: Gender Wage Inequality in Western Europe, 1300-1800. *The Economic History Review*, janeiro de 2021. Disponível em: https://onlinelibrary.wiley.com/doi/full/10.1111/ehr.13045

WEICHSELBAUMER, Doris; WINTER-EBMER, Rudolf. *A Meta-Analysis of The International Gender Wage Gap*. University of Linz and Universitat Pompeu Fabra; University of Linz and Institute for Advanced Studies, Vienna. Disponível em: http://www.econ.jku.at/papers/2003/wp0311.pdf

When Will Women Get Equal Pay? Not for Another 257 Years. *USA Today*, dezembro de 2019. Disponível em: https://www.usatoday.com/story/news/nation/2019/12/20/gender-pay-gap-equal-wages-expected-257-years-report/2699326001/

Research: Women Ask for Raises as Often as Men, but Are Less Likely to Get Them. *Harvard Business Review*, junho de 2018. Disponível em: https://hbr.org/2018/06/research-women-ask-for-raises-as-often-as-men-but-are-less-likely-to-get-them

REFERÊNCIAS BIBLIOGRÁFICAS

Women Lose $513 Billion a Year in Wages Due to Gender Pay Gap and Math Is Worse for Some. *USA Today*, outubro de 2018. Disponível em: https://www.usatoday.com/story/money/2018/10/23/women-lose-500-billion-year-because-stubborn-gender-pay-gap/1728870002/

Women Work for Free for Two Months a Year, Says TUC Analysis. *The Guardian*, março de 2020. Disponível em: https://www.theguardian.com/world/2020/mar/04/women-work-for-free-for-two-months-a-year-says-tuc-analysis

Gender Pay Gap Shortchanges Women $500 Billion Annually. American Association of University Women (AAUW), outubro de 2018. Disponível em: https://www.aauw.org/resources/news/media/press-releases/gender-pay-gap-shortchanges-women-500-billion-annually/

CASTRILLON, Caroline. Why Women Need to Network Differently Than Men to Get Ahead. *Forbes Woman*, março de 2019. Disponível em: https://www.forbes.com/sites/carolinecastrillon/2019/03/10/why-women-need-to-network-differently-than-men-to-get-ahead/?sh=31015bc0b0a1

CASTRILLON, Caroline. Why Impostor Syndrome Can Be a Good Thing. *Forbes*, janeiro de 2019. Disponível em: https://www.forbes.com/sites/carolinecastrillon/2019/01/27/why-imposter-syndrome-is-a-good-thing/?sh=61a7095d472a

The Ultimate Guide to Getting That Raise You Deserve. *The Muse*, maio de 2014. Disponível em: https://www.themuse.com/advice/the-ultimate-guide-to-getting-that-raise-you-deserve

HOBY, Hermione. The Problem with Being "Badass". *The Guardian*, 2015. Disponível em: https://www.theguardian.com/lifeandstyle/2015/dec/07/problem-being-badass-feminism-women-behave-like-men

VÍDEOS

TEDx São Paulo Salon
Vamos falar sobre os homens, Karinna Forlenza. Disponível em: https://www.youtube.com/watch?v=FBNkEr6TftQ

NowThis, setembro de 2019
How to Ask for a Raise, According to a CEO. Disponível em: https://www.youtube.com/watch?v=3g2aOXg7YP0

BIOGRAFIA

Karinna Bidermann Forlenza é empresária, palestrante, mentora e autora. Graduada em Administração pela FAAP, fez curso de extensão pela USP em parceria com o IDIS para gestão de organizações do terceiro setor, extensão universitária pela FGV em reponsabilidade empresarial, e pós-graduação em Administração na Fundação Dom Cabral e no IESE Business School, em Barcelona.

Com mais de 25 anos de experiência profissional, foi executiva de negócios em grandes empresas como Lloyds Bank, Instituto Ethos, Grupo Rogatis, Telefônica e Vivo, onde chegou à diretora aos 32 anos. Depois, decidiu empreender e especializou-se em comportamento profissional entre os diferentes gêneros, e criou sua empresa para orientação na área de capacitação profissional, visibilidade, presença executiva e jogo político para mulheres no mercado de trabalho.

Estudou biologia cultural por três anos diretamente com o Prof. Dr. Humberto Maturana (indicado ao Prêmio Nobel), fez formação em Communication Management of Meaning (CMM) com a Dra. Linda Blong, do CMM for Personal and Social Evolution, foi treinada pessoalmente por John Gray em coaching de inteligência de gênero no Mars Venus Coaching Institute e completou o famoso curso da Business School de

Marie Forleo, no qual especializou-se em sucesso e empoderamento de mulheres.

    Atualmente, faz pesquisas, é palestrante e facilitadora para grupos de mulheres, e viaja o mundo com seus workshops e treinamentos, tendo clientes como Estée Lauder, Adidas, Sul-América, Senac, Vivo, Novartis, Coca-Cola, Ipsen, BNP Paribas, Firmench entre outros. É também palestrante TEDx e mãe de Olívia e Benjamin.

Impressão e Acabamento:
BARTIRA GRÁFICA